edition suhrkamp
Redaktion: Günther Busch

Bertolt Brecht, geboren am 10. Februar 1898 in Augsburg, starb am 14. August 1956 in Berlin. *Der aufhaltsame Aufstieg des Arturo Ui* wurde am 10. November 1958 in Stuttgart uraufgeführt. Dieses Theaterstück, 1941 in der Emigration entstanden, zeigt den Aufstieg Hitlers zur Macht bis zum Jahre 1938. Die NS-Großfunktionäre erscheinen als Chicagoer Gangster und reden in den glatten Jamben des deutschen klassischen Dramas. Durch die doppelte Verfremdung werden die Ereignisse jener Jahre erkennbar nicht als schicksalhaftes Verhängnis, sondern als die Konsequenz der herrschenden Verhältnisse. Indem er Hitler und seine Kumpane der Lächerlichkeit preisgibt, nimmt Brecht ihnen jenen Zug des Dämonischen, den sie für viele auch heute noch zu besitzen scheinen. Die Parabel stellt klar, daß der Faschismus kein historischer Einzelfall war: Faschismus ist die noch immer mögliche Fortsetzung der Geschäfte mit anderen Mitteln.

»Die parodistische Sprachkunst, die hier waltet, der Einfallsreichtum, mit dem ein arger Tatbestand erst mal listig hingestellt, klargemacht und dann wütend zerrissen wird, das bleibt herrlich und von großer Kraft.« *Friedrich Luft*

Bertolt Brecht
Der aufhaltsame Aufstieg des
Arturo Ui

Suhrkamp Verlag

Auf der letzten Seite des Manuskripts steht in Brechts Handschrift das Datum der Fertigstellung des Stückes: 29.4.41, und der Name des Mitarbeiters: M. Steffin.

edition suhrkamp 144
9. Auflage, 68.–77. Tausend 1976
Copyright 1957 by Suhrkamp Verlag, Berlin. Printed in Germany. Der Text folgt der Ausgabe *Bertolt Brecht*, Stücke, Band 9, 6.–8. Tausend 1962. Alle Rechte vorbehalten, insbesondere das der Übersetzung, des öffentlichen Vortrags, der Rundfunk- und Fernsehausstrahlung und der Verfilmung, auch einzelner Abschnitte. Das Recht der Aufführung ist nur vom Suhrkamp Verlag, Frankfurt am Main, zu erwerben. Den Bühnen und Vereinen gegenüber als Manuskript gedruckt. Satz und Druck in Linotype Garamond bei Nomos Verlagsgesellschaft, Baden-Baden. Bindung bei Hans Klotz, Augsburg. Gesamtausstattung Willy Fleckhaus.

Der aufhaltsame Aufstieg des Arturo Ui

Der aufhaltsame Aufstieg des Arturo Ui ist zu Brechts Lebzeiten weder aufgeführt noch veröffentlicht worden. Brecht sparte sich die endgültige Redaktion seiner Texte bis zur Inszenierung auf. Die hier abgedruckte Fassung ist der Text der mit Brechts Korrekturen versehenen Abschrift des Originalmanuskripts. Die gründliche Durchsicht für eine Veröffentlichung wurde von Brecht nicht mehr vorgenommen.

Personen

Der Ansager
Flake, Caruther, Butcher, Mulberry, Clark, *Geschäftsleute,*
    Führer des Karfioltrusts
Sheet, *Reedereibesitzer*
Der alte Dogsborough
Der junge Dogsborough
Arturo Ui, *Gangsterchef*
Ernesto Roma, *sein Leutnant*
Ted Ragg, *Reporter des »Star«*
Dockdaisy
Emanuele Giri, *Gangster*
Bowl, *Kassierer bei Sheet*
Goodwill und Gaffles, *zwei Herren von der Stadtverwaltung*
O'Casey, *Untersuchungsbeauftragter*
Ein Schauspieler
Der Blumenhändler Giuseppe Givola, *Gangster*
Hook, *Gemüsegroßhändler*
Der Angeklagte Fish
Der Verteidiger
Der Richter
Der Arzt
Der Ankläger
Der junge Inna, *Romas Vertrauter*
Ein kleiner Mann
Ignatius Dullfeet
Betty Dullfeet, *seine Frau*
Leibwächter Arturo Uis
Dogsboroughs Diener
Zeitungsreporter
Gunmänner
Grünzeughändler von Chicago und Cicero
Eine Frau

Prolog

Vor den Leinenvorhang tritt der Ansager. Auf dem Vor-
hang sind große Ankündigungen zu lesen: »Neues vom
Dockshilfeskandal«—»Der Kampf um des alten Dogsborough
Testament und Geständnis« – »Sensation im großen Spei-
cherbrandprozeß« – »Die Ermordung des Gangsters Ernesto
Roma durch seine Freunde« – »Erpressung und Ermordung
des Ignatius Dullfeet« – »Die Eroberung der Stadt Cicero
durch Gangster«. Hinter dem Vorhang Bumsmusik.

DER ANSAGER
Verehrtes Publikum, wir bringen heute –
Ruhe dort hinten, Leute!
Und nehmen Sie den Hut ab, junge Frau! –
Die große historische Gangsterschau!
Enthaltend zum allererstenmal
Die Wahrheit über den großen Dockshilfeskandal.
Ferner bringen wir Ihnen zur Kenntnis
Dogsboroughs Testament und Geständnis.
Den Aufstieg des Arturo Ui während der Baisse!
Sensationen im berüchtigten Speicherbrandprozeß!
Den Dullfeetmord! Die Justiz im Coma!
Gangster unter sich: die Abschlachtung des Ernesto Roma!
Zum Schluß das illuminierte Schlußtableau:
Gangster erobern die Stadt Cicero!
Sie sehen hier, von Künstlern dargestellt
Die berühmtesten Heroen unserer Gangsterwelt.
Sie sehen tote und Sie sehen lebendige
Vorübergegangene und ständige
Geborene und Gewordene, so
Zum Beispiel den guten alten ehrlichen Dogsborough!
Vor den Vorhang tritt der alte Dogsborough.
Das Herz ist schwarz, das Haar ist weiß.
Mach deinen Diener, du verdorbener Greis!

Der alte Dogsborough tritt zurück, nachdem er sich
verbeugt hat.
Sie sehen ferner bei uns – da
Ist er ja schon –
Vor den Vorhang ist Givola getreten.
                    den Blumenhändler Givola.
Mit seinem synthetisch geölten Maul
Verkauft er Ihnen einen Ziegenbock als Gaul.
Lügen, heißt es, haben kurze Beine!
Nun betrachten Sie seine!
Givola tritt hinkend zurück.
Und nun zu Emanuele Giri, dem Superclown!
Heraus mit dir, laß dich anschaun!
Vor den Vorhang tritt Giri und grüßt mit der Hand.
Einer der größten Killer aller Zeiten!
Weg mit dir!
Giri tritt erbost zurück.
Und nun zur größten unsrer Sehenswürdigkeiten!
Der Gangster aller Gangster! Der berüchtigte
Arturo Ui! Mit dem uns der Himmel züchtigte
Für alle unsre Sünden und Verbrechen
Gewalttaten, Dummheiten und Schwächen!
Vor den Vorhang tritt Ui und geht die Rampe entlang ab.
Wem fällt da nicht Richard der Dritte ein?
Seit den Zeiten der roten und weißen Rose
Sah man nicht mehr so große
Fulminante und blutige Schlächterein!
Verehrtes Publikum, angesichts davon
War es die Absicht der Direktion
Weder Kosten zu scheuen noch Sondergebühren
Und alles im g r o ß e n S t i l e aufzuführen.
Jedoch ist alles streng wirklichkeitsgetreu
Denn was Sie heut abend sehen, ist nicht neu
Nicht erfunden und ausgedacht
Zensuriert und für Sie zurechtgemacht:

Was wir hier zeigen, weiß der ganze Kontinent:
Es ist das Gangsterstück, das jeder kennt!
Während die Musik anschwillt und das Knattern eines Maschinengewehrs sich ihr gesellt, tritt der Ansager geschäftig ab.

I

City. Auftreten fünf Geschäftsleute, die Führer des
Karfioltrusts.

FLAKE

Verdammte Zeiten! 's ist, als ob Chicago
Das gute alte Mädchen, auf dem Weg
Zum morgendlichen Milchkauf in der Tasche
Ein Loch entdeckt hätt und im Rinnstein jetzt
Nach ihren Cents sucht.

CARUTHER

               Letzten Donnerstag
Lud mich Ted Moon mit einigen achtzig andern
Zum Taubenessen auf den Montag. Kämen
Wir wirklich, fänden wir bei ihm vielleicht
Nur noch den Auktionator. Dieser Wechsel
Vom Überfluß zur Armut kommt heut schneller
Als mancher zum Erbleichen braucht. Noch schwimmen
Die Grünzeugflotten der fünf Seen wie ehdem
Auf diese Stadt zu, und schon ist kein Käufer
Mehr aufzutreiben.

BUTCHER

             's ist, als ob die Nacht
Am hellen Mittag ausbräch!

MULBERRY

               Clive und Robber
Sind unterm Hammer!

CLARK

            Wheelers Obstimport –
Seit Noahs Zeiten im Geschäft – bankrott!

Dick Havelocks Garagen zahlen aus!

CARUTHER

Und wo ist Sheet?

FLAKE

           Hat keine Zeit zu kommen
Er läuft von Bank zu Bank jetzt.

CLARK

                       Was? Auch Sheet?

Pause.
Mit einem Wort: Das Karfiolgeschäft
In dieser Stadt ist aus.

BUTCHER

            Nun, meine Herrn
Kopf hoch! Wer noch nicht tot ist, lebt noch!

MULBERRY

Nicht tot sein heißt nicht: leben.

BUTCHER

                   Warum schwarz sehn?
Der Lebensmittelhandel ist im Grund
Durchaus gesund. 's ist Futter für die Vier-
Millionenstadt! Was, Krise oder nicht:
Die Stadt braucht frisches Grünzeug, und wir schaffen's!

CARUTHER

Wie steht es mit den Grünzeugläden?

MULBERRY

                      Faul.
Mit Kunden, einen halben Kohlkopf kaufend
Und den auf Borg!

CLARK

           Der Karfiol verfault uns.

FLAKE

Im Vorraum wartet übrigens ein Kerl –
Ich sag's nur, weil's kurios ist – namens Ui . . .

CLARK

Der Gangster?

FLAKE

           Ja, persönlich. Riecht das Aas
Und sucht mit ihm sogleich Geschäftsverbindung.

Sein Leutnant, Herr Ernesto Roma, meint
Er könnt mehr Grünzeugläden überzeugen
Daß andren Karfiol zu kaufen als
Den unsern, ungesund ist. Er verspricht
Den Umsatz zu verdoppeln, weil die Händler
Nach seiner Meinung lieber noch Karfiol
Als Särge kaufen.
Man lacht mißmutig.

CARUTHER

's ist 'ne Unverschämtheit.

MULBERRY *lacht aus vollem Hals*

Thompsonkanonen und Millsbomben! Neue
Verkaufsideen! Endlich frisches Blut
Im Karfiolgeschäft! Es hat sich rumgesprochen
Daß wir schlecht schlafen! Herr Arturo Ui
Beeilt sich, seine Dienste anzubieten!
Ihr, jetzt heißt's wählen zwischen dem und nur noch
Der Heilsarmee. Wo schmeckt die Suppe besser?

CLARK

Ich denke, heißer wär sie wohl beim Ui.

CARUTHER

Schmeißt ihn hinaus!

MULBERRY

Doch höflich! Wer kann wissen
Wie weit's mit uns noch kommen wird!
Sie lachen.

FLAKE *zu Butcher*

Was ist
Mit Dogsboroughs Eintreten für 'ne Stadtanleih?
Zu den andern
Butcher und ich, wir kochten da was aus
Was uns durch diese tote Zeit der Geldnot
Hindurchbrächt. Unser Leitgedanke war
Ganz kurz und schlicht: warum soll nicht die Stadt
Der wir doch Steuern zahln, uns aus dem Dreck ziehn

Mit einer Anleih, sag für Kaianlagen
Die wir zu bauen uns verpflichten könnten
Daß das Gemüse billiger in die Stadt kommt.
Der alte Dogsborough mit seinem Einfluß
Könnt uns das richten. Was sagt Dogsborough?

BUTCHER

Er weigert sich, was in der Sach zu tun.

FLAKE

Er weigert sich? Verdammt, er ist der Wahlboss
Im Dockbezirk und will nichts tun für uns?

CARUTHER

Seit Jahr und Tag blech ich in seinen Wahlfonds!

MULBERRY

Zur Höll, er war Kantinenwirt bei Sheet!
Bevor er in die Politik ging, aß er
Das Brot des Trusts! 's ist schwarzer Undank! Flake!
Was sagt ich dir? 's gibt keinen Anstand mehr!
's ist nicht nur Geldknappheit! 's ist Anstandsknappheit!
Sie trampeln fluchend aus dem sinkenden Boot
Freund wird zu Feind, Knecht bleibt nicht länger Knecht
Und unser alter, lächelnder Kantinenwirt
Ist nur noch eine große kalte Schulter.
Moral, wo bist du in der Zeit der Krise!

CARUTHER

Ich hätt es nicht gedacht vom Dogsborough!

FLAKE

Wie redet er sich aus?

BUTCHER

               Er nennt den Antrag fischig.

FLAKE

Was ist dran fischig? Kaianlagen baun
Ist doch nicht fischig. Und bedeutet Arbeit
Und Brot für Tausende!

BUTCHER

               Er zweifelt, sagt er

Daß wir Kaianlagen baun.

FLAKE

Was? Schändlich!

BUTCHER
Daß wir sie nicht baun wolln?

FLAKE

Nein, daß er zweifelt!

CLARK
Dann nehmt doch einen andern, der die Anleih
Uns durchboxt.

MULBERRY

Ja, 's gibt andere!

BUTCHER

Es gibt
Doch keinen wie den Dogsborough. Seid ruhig!
Der Mann ist gut.

CLARK

Für was?

BUTCHER

Der Mann ist ehrlich.
Und was mehr ist: bekannt als ehrlich!

FLAKE

Mumpitz!

BUTCHER
Ganz klar, daß er an seinen Ruf denkt!

FLAKE

Klar!
Wir brauchen eine Anleih von der Stadt.
Sein guter Ruf ist seine Sache.

BUTCHER

Ist er's?
Ich denk, er ist die unsre. Eine Anleih
Bei der man keine Fragen fragt, kann nur
Ein ehrlicher Mann verschaffen, den zu drängen
Um Nachweis und Beleg sich jeder schämte.

Und solch ein Mann ist Dogsborough. Das schluckt!
Der alte Dogsborough ist unsre Anleih.
Warum? Sie glauben an ihn. Wer an Gott
Längst nicht mehr glaubt, glaubt noch an Dogsborough.
Der hartgesottne Jobber, der zum Anwalt
Nicht ohne Anwalt geht, den letzten Cent
Stopft' er zum Aufbewahrn in Dogsboroughs Schürze
Säh er sie herrnlos überm Schanktisch liegen.
Zwei Zentner Biederkeit! Die achtzig Winter
Die er gelebt, sahn keine Schwäche bei ihm!
Ich sage euch: Ein solcher Mann ist Gold wert
Besonders, wenn man Kaianlagen bauen
Und sie ein wenig langsam bauen will.

FLAKE

Schön, Butcher, er ist Gold wert. Wenn er gradsteht
Für eine Sache, ist sie abgemacht.
Nur steht er nicht für unsre Sache grad!

CLARK

Nicht er! »Die Stadt ist keine Suppenschüssel!«

MULBERRY

Und »Jeder für die Stadt, die Stadt für sich!«.

CARUTHER

's ist eklig! Kein Humor.

MULBERRY

                    'ne Ansicht wechselt
Er wohl noch seltner als ein Hemd. Die Stadt
Ist für ihn nichts aus Holz und Stein, wo Menschen
Mit Menschen hausen und sich raufen um
Hauszins und Beefsteaks, sondern was Papiernes
Und Biblisches. Ich konnte ihn nie vertragen.

CLARK

Der Mann war nie im Herzen mit uns. Was
Ist ihm Karfiol! Was das Transportgeschäft!
Seintwegen kann das Grünzeug dieser Stadt
Verfaulen. Er rührt keinen Finger! Neunzehn

Jahr holt er unsre Gelder in den Wahlfonds.
Oder sind's zwanzig? Und die ganze Zeit
Sah er Karfiol nur auf der Schüssel! Und
Stand nie in einer einzigen Garage!

BUTCHER
So ist's.

CLARK
      Zur Höll mit ihm!

BUTCHER
                    Nein, nicht zur Höll!
Zu uns mit ihm!

FLAKE
          Was soll das? Clark sagt klar
Daß dieser Mann uns kalt verwirft.

BUTCHER
                      Doch Clark sagt
Auch klar, warum.

CLARK
           Der Mann weiß nicht, wo Gott wohnt!

BUTCHER
Das ist's! Was fehlt ihm? Wissen fehlt ihm. Dogsborough
Weiß nicht, wie einer in unsrer Haut sich fühlt.
Die Frag heißt also: Wie kommt Dogsborough
In unsre Haut? Was müssen wir tun mit ihm?
Wir müssen ihn belehren! Um den Mann ist's schad.
Ich hab ein Plänchen. Horcht, was ich euch rat!
*Eine Schrift taucht auf, welche gewisse Vorfälle der jüngsten
Vergangenheit ins Gedächtnis zurückruft.*

Vor der Produktenbörse. Flake und Sheet im Gespräch.

SHEET

Ich lief vom Pontius zum Pilatus. Pontius
War weggereist. Pilatus war im Bad.
Man sieht nur noch die Rücken seiner Freunde!
Der Bruder, eh er seinen Bruder trifft
Kauft sich beim Trödler alte Stiefel, nur
Nicht angepumpt zu werden! Alte Partner fürch-
Ten einander so, daß sie vorm Stadthaus
Einander ansprechen mit erfundenen Namen!
Die ganze Stadt näht sich die Taschen zu.

FLAKE

Was ist mit meinem Vorschlag?

SHEET

                              Zu verkaufen?
Das tu ich nicht. Ihr wollt das Essen für
Das Trinkgeld und dann noch den Dank fürs Trinkgeld!
Was ich von euch denk, sag ich besser nicht.

FLAKE

Mehr kriegst du nirgends.

SHEET

                         Und von meinen Freunden
Krieg ich nicht mehr als anderswo, ich weiß.

FLAKE

Das Geld ist teuer jetzt.

SHEET

                    Am teuersten
Für den, der's braucht. Und daß es einer braucht
Weiß niemand besser als sein Freund.

FLAKE

                              Du kannst
Die Reederei nicht halten.

SHEET

Und du weißt
Ich hab dazu 'ne Frau, die ich vielleicht
Auch nicht mehr halten kann.

FLAKE

Wenn du verkaufst . . .

SHEET

. . . ist's ein Jahr länger. Wissen möcht ich nur
Wozu ihr meine Reederei wollt.

FLAKE

Daß wir
Im Trust dir helfen wollen könnten, daran
Denkst du wohl gar nicht?

SHEET

Nein. Das fiel mir nicht ein.
Wo hatt ich meinen Kopf? Daß mir nicht einfiel
Ihr könntet helfen wollen und nicht nur
Mir abpressen, was ich habe!

FLAKE

Bitterkeit
Gegen jedermann hilft dir nicht aus dem Sumpf.

SHEET

's hilft wenigstens dem Sumpf nicht, lieber Flake!

*Vorbei kommen schlendernd drei Männer, der Gangster
Arturo Ui, sein Leutnant Ernesto Roma und ein Leibwächter. Ui starrt Flake im Vorbeigehen an, als erwarte er,
angesprochen zu werden, und Roma wendet im Abgehen
sich böse nach ihm um.*

SHEET

Wer ist's?

FLAKE

Arturo Ui, der Gangster – wie
Wenn du an uns verkauftest?

SHEET

Er schien eifrig,
Mit dir zu sprechen.

FLAKE *ängstlich lachend*

Sicher. Er verfolgt uns
Mit Angeboten, unsern Karfiol
Mit seinem Browning abzusetzen. Solche
Wie diesen Ui gibt es jetzt viele schon.
Das überzieht die Stadt jetzt wie ein Aussatz
Der Finger ihr und Arm und Schulter anfrißt.
Woher es kommt, weiß keiner. Jeder ahnt
Es kommt aus einem tiefen Loch. Dies Rauben
Entführen, Pressen, Schrecken, Drohn und Schlachten
Dies »Hände hoch!« und »Rette sich, wer kann!« –
Man müßt's ausbrennen.

SHEET *ihn scharf anblickend*

Schnell. Denn es steckt an.

FLAKE

Wie
Wenn du an uns verkauftest?

SHEET *zurücktretend und ihn betrachtend*

Ja, es stimmt
Da ist 'ne Ähnlichkeit. Ich mein, mit diesen,
Die grad vorübergingen, nicht sehr stark
Doch eben da, mehr ahnbar noch als sichtbar:
Am Grund von Teichen sieht man manchmal Äste
Grün und verschleimt, es könnten Schlangen sein
Doch sind's wohl Äste, oder doch nicht? Ja
So gleichst du diesem Roma, sei nicht böse.
Jetzt, wo ich ihn sah und dann dich, ist's mir
Als hätt ich früher schon so was gemerkt
Doch nicht verstanden und nicht nur bei dir.
Sag noch einmal: »Wie, wenn du an uns verkauftest?«
Ich glaub, die Stimm ist auch . . . Nein, besser sag:
»Die Hände hoch!« Denn das ist, was du meinst.

Er hebt die Hände hoch.
Ich heb sie hoch, Flake. Nehmt die Reederei!
Gebt mir 'nen Fußtritt dafür oder zwei!
Gebt mir zwei Fußtritt, das ist etwas mehr.

FLAKE
Du bist verrückt!

SHEET
      Ich wünschte, daß ich's wär!

3

Hinterzimmer in Dogsboroughs Gasthof. Dogsborough und
sein Sohn spülen Gläser. Auftreten Butcher und Flake.

DOGSBOROUGH
Ihr kommt umsonst. Ich mach's nicht! Er ist fischig
Euer Antrag, stinkend wie ein fauler Fisch.

DER JUNGE DOGSBOROUGH
Mein Vater lehnt ihn ab.

BUTCHER
      Vergiß ihn, Alter!
Wir fragen, du sagst nein. Gut, dann ist's nein.

DOGSBOROUGH
's ist fischig. Solche Kaianlagen kenn ich.
Ich mach's nicht.

DER JUNGE DOGSBOROUGH
     Vater macht's nicht.

BUTCHER
       Gut, vergiß es.

DOGSBOROUGH
Ich sah euch ungern auf dem Weg. Die Stadt
Ist keine Suppenschüssel, in die jeder
Den Löffel stecken kann. Verdammt auch,

euer

Geschäft ist ganz gesund.

BUTCHER

Was sag ich, Flake?

Ihr seht zu schwarz.

DOGSBOROUGH

Schwarzsehen ist Verrat.
Ihr fallt euch selber in den Rücken, Burschen.
Schaut, was verkauft ihr? Karfiol. Das ist
So gut wie Fleisch und Brot. Und Fleisch und Brot
Und Grünzeug braucht der Mensch. Steaks ohne Zwiebeln
Und Hammel ohne Bohnen, und den Gast
Seh ich nicht wieder! Der und jener ist
Ein wenig knapp im Augenblick. Er zaudert
Bevor er einen neuen Anzug kauft.
Jedoch, daß diese Stadt, gesund wie je
Nicht mehr zehn Cent aufbrächte für Gemüse
Ist nicht zu fürchten. Kopf hoch, Jungens! Was?

FLAKE

's tut wohl, dir zuzuhören, Dogsborough.
's gibt einem Mut zum Kampf.

BUTCHER

Ich find's fast komisch
Daß wir dich, Dogsborough, so zuversichtlich
Und standhaft finden, was Karfiol angeht.
Denn gradheraus, wir kommen nicht ohne Absicht.
Nein, nicht mit der, die ist erledigt, Alter.
Hab keine Angst. Es ist was Angenehmres.
So hoffen wir zumindest. Dogsborough
Der Trust hat festgestellt, daß eben jetzt
Im Juni zwanzig Jahr vergangen sind
Seit du, ein Menschenalter, uns vertraut als
Kantinenwirt in einer unsrer Firmen
Schiedst von uns, dich dem Wohl der Stadt zu widmen.
Die Stadt wär ohne dich nicht, was sie ist heut.

Und mit der Stadt wär der Karfioltrust nicht
Was er heut ist. Ich freu mich, daß du ihn
Im Kern gesund nennst. Denn wir haben gestern
Beschlossen, dir zu diesem festlichen Anlaß
Sag als Beweis für unsre hohe Schätzung
Und Zeichen, daß wir uns dir immer noch
Im Herzen irgendwie verbunden fühlen
Die Aktienmehrheit in Sheets Reederei
Für zwanzigtausend Dollar anzubieten.
Das ist noch nicht die Hälfte ihres Werts.
Er legt ein Aktienpaket auf den Tisch.

DOGSBOROUGH

Butcher, was soll das?

BUTCHER

                      Dogsborough, ganz offen:
Der Karfioltrust zählt nicht grad besonders
Empfindliche Seelen unter sich, jedoch
Als wir da gestern auf, nun, unsre dumme
Bitt um die Anleih deine Antwort hörten
Ehrlich und bieder, rücksichtslos gerade
Der ganze alte Dogsborough darin
Trat einigen von uns, ich sag's nicht gern
Das Wasser in die Augen. »Was«, sagt' einer –
Sei ruhig, Flake, ich sag nicht, wer – »da sind
Wir ja auf einen schönen Weg geraten!«
's gab eine kleine Pause, Dogsborough.
Und danach kam der Vorschlag ganz natürlich.

DOGSBOROUGH

Butcher und Flake, was steckt dahinter?

BUTCHER

                               Was
Soll denn dahinterstecken? 's ist ein Vorschlag!

FLAKE

Und es macht Spaß, ihn auszurichten. Hier
Stehst du, das Urbild eines ehrlichen Bürgers

Ein Sprichwortname und ein mächtiger Mann
In deiner Kneipe und spülst nicht nur Gläser
Nein, unsre Seelen auch! Und bist dabei
Nicht reicher, als dein Gast sein mag. 's ist rührend.

DOGSBOROUGH
Ich weiß nicht, was ich sagen soll.

BUTCHER
                        Sag nichts.
Schieb das Paket ein! Denn ein ehrlicher Mann
Kann's brauchen, wie? Verdammt, den ehrlichen Weg
Kommt wohl der goldene Waggon nicht oft, wie?
Ja, und dein Junge hier: Ein guter Name
Heißt's, ist mehr als ein gutes Bankbuch wert.
Nun, er wird's nicht verachten. Nimm das Zeug!
Ich hoff, du wäschst uns nicht den Kopf für d a s !

DOGSBOROUGH
Sheets Reederei!

FLAKE
                Du kannst sie sehn von hier.

DOGSBOROUGH *am Fenster*
Ich sah sie zwanzig Jahr.

FLAKE
                        Wir dachten dran.

DOGSBOROUGH
Und was macht Sheet?

FLAKE
                        Geht in das Biergeschäft.

BUTCHER
Erledigt?

DOGSBOROUGH
                Nun, 's ist alles schön und gut
Mit eurem Katzenjammer, aber Schiffe
Gibt man nicht weg für nichts.

FLAKE
                        Da ist was dran.

's mag sein, daß auch die Zwanzigtausend uns
Ganz handlich kämen, jetzt, wo diese Anleih
Verunglückt ist.

BUTCHER

Und daß wir unsre Aktien
Nicht gern grad jetzt am offnen Markt ausböten . . .

DOGSBOROUGH

Das klingt schon besser. 's wär kein schlechter Handel.
Wenn da nicht doch noch einige besondre
Bedingungen daran geknüpft sind . . .

FLAKE

Keine.

DOGSBOROUGH

Und zwanzigtausend, sagt ihr?

FLAKE

Ist's zuviel?

DOGSBOROUGH

Nein, nein. Es wär dieselbe Reederei
In der ich nur ein kleiner Wirt war. Wenn
Da nicht ein Pferdefuß zum Vorschein kommt . . .
Ihr habt die Anleih wirklich aufgegeben?

FLAKE

Ganz.

DOGSBOROUGH

Möcht ich's fast überdenken. Was, mein Junge
Das wär für dich was! Dachte schon, ihr seid
Verschnupft! Jetzt macht ihr solch ein Angebot!
Da siehst du, Junge, Ehrlichkeit bezahlt sich
Mitunter auch. 's ist, wie ihr sagt: Der Junge
Hat, wenn ich geh, nicht viel mehr als den guten
Namen zu erben, und ich sah so viel
Übles, verübt aus Not!

BUTCHER

Uns wär ein Stein vom Herzen
Wenn du annähmst. Denn zwischen uns wär dann

Nichts mehr von diesem Nachgeschmack, du weißt
Von unserm dummen Antrag! Und wir könnten
In Zukunft hören, was du uns anrätst
Wie auf gerade, ehrliche Art der Handel
Die tote Zeit durchstehen kann, denn dann
Wär's auch dein Handel, Dogsborough; denn dann
Wärst doch auch du ein Karfiolmann. Stimmt's?
Dogsborough ergreift seine Hand.

DOGSBOROUGH

Butcher und Flake, ich nehm's.

DER JUNGE DOGSBOROUGH

                    Mein Vater nimmt's.

Eine Schrift taucht auf.

4

*Wettbüro der 122. Straße. Arturo Ui und sein Leutnant
Ernesto Roma, begleitet von Leibwächtern, hören die
Radiorennberichte. Neben Roma Dockdaisy.*

ROMA

Ich wollt, Arturo, du befreitest dich
Aus dieser Stimmung braunen Trübsinns und
Untätiger Träumerei, von der die Stadt
Schon spricht.

UI *bitter*

            Wer spricht? Kein Mensch

                        spricht von mir noch.

Die Stadt hat kein Gedächtnis. Ach, kurzlebig
Ist hier der Ruhm. Zwei Monate kein Krawall
Und zwanzig Schießereien sind vergessen!
Selbst in den eigenen Reihn!

ROMA

Die Jungens fangen
An, keß zu werden, seit das Bargeld ausgeht.
Was schlimmer ist: Untätigkeit verdirbt sie.
Ein Mann verkommt, der nur nach Spielkarten schießt.
Ich mag nicht mehr ins Hauptquartier, Arturo.
Sie dauern mich. Mein »Morgen geht es los«
Bleibt mir im Hals stecken, wenn ich ihre Blick seh.
Dein Plan für das Gemüseracket war
So vielversprechend. Warum nicht beginnen?

UI

Nicht jetzt. Nein, nicht von unten. 's ist zu früh.

ROMA

»Zu früh« ist gut. Seit dich der Trust wegschickte
Sitzt du, vier Monate jetzt schon, herum
Und brütest. Pläne! Pläne! Halbherzige
Versuche! Der Besuch beim Trust brach dir
Das Rückgrat. Und der kleine Zwischenfall
In Harpers Bank mit diesen Polizisten
Liegt dir noch in den Knochen!

UI

Aber sie schossen!

ROMA

Nur in die Luft! 's war ungesetzlich.

UI

Um
Ein Haar zwei Zeugen weniger, und ich säße
Im Kittchen jetzt. Und dieser Richter! Nicht
Für fünf Cent Sympathie.

ROMA

Für Grünzeugläden
Schießt keine Polizei. Sie schießt für Banken.
Schau her, Arturo, wir beginnen mit
Der elften Straße! Fenster eingehaut
Petroleum auf Karfiol, das Mobiliar

Zerhackt zu Brennholz! Und wir arbeiten uns
Hinunter bis zur siebten Straße. Ein
Zwei Tage später tritt Manuele Giri
Nelke im Knopfloch, in die Läden und
Sagt Schutz zu. Zehn Prozent vom Umsatz.

UI

                                    Nein.
Erst brauch ich selber Schutz. Vor Polizei
Und Richter muß ich erst geschützt sein, eh
Ich andre schützen kann. 's geht nur von oben.
Düster
Hab ich den Richter nicht in meiner Tasche
Indem er was von mir in seiner hat
Bin ich ganz rechtlos. Jeder kleine Schutzmann
Schießt mich, brech ich in eine Bank, halt tot.

ROMA

Bleibt uns nur Givolas Plan. Er hat den Riecher
Für Dreck, und wenn er sagt, der Karfioltrust
Riecht »anheimelnd faul«, muß etwas dran sein. Und
Es w a r ein Teil Gerede, als die Stadt
Wie's heißt, auf Dogsboroughs Empfehlung damals
Die Anleih gab. Seitdem wird dies und das
Gemunkelt über irgendwas, was nicht
Gebaut sein soll und eigentlich sein müßt.
Doch andrerseits war Dogsborough dafür
Und warum sollt der alte Sonntagsschüler
Für etwas sein, wenn's irgend fischig ist?
Dort kommt ja Ragg vom »Star«. Von solchen Sachen
Weiß niemand mehr als Ragg. He! Hallo, Ted.

RAGG *etwas betrunken*

Hallo, ihr! Hallo! Roma! Hallo! Ui!
Wie steht's in Capua?

UI

                    Was meint er?

RAGG

Oh,

Nichts weiter, Ui. Das war ein kleiner Ort
Wo einst ein großes Heer verkam. Durch Nichtstun
Wohlleben, mangelnde Übung.

UI

Sei verdammt!

ROMA *zu Ragg*

Kein Streit! Erzähl uns was von dieser Anleih
Für den Karfioltrust, Ted!

RAGG

Was schert das euch?

Verkauft ihr jetzt Karfiol? Ich hab's. Ihr wollt
Auch eine Anleih von der Stadt. Fragt Dogsborough!
Der Alte peitscht sie durch. *Kopiert den Alten:*
»Soll ein Geschäftszweig
Im Grund gesund, jedoch vorübergehend
Bedroht von Dürre, untergehn?« Kein Auge
Bleibt trocken in der Stadtverwaltung. Jeder
Fühlt tief mit dem Karfiol, als wär's ein Stück von ihm.
Ach, mit dem Browning fühlt man nicht, Arturo!
Die anderen Gäste lachen.

ROMA

Reiz ihn nicht, Ted, er ist nicht bei Humor.

RAGG

Ich kann's mir denken. Givola, heißt es, war
Schon bei Capone um Arbeit.

DOCKDAISY *sehr betrunken*

Das ist Lüge!

Giuseppe läßt du aus dem Spiel!

RAGG

Dockdaisy!

Noch immer Kurzbein Givolas Nebenbraut?
Stellt sie vor
Die vierte Nebenbraut des dritten Nebenleutnants

Eines – *zeigt auf Ui* – schnell sinkenden Sterns
                                    von zweiter Größe!

Oh, trauriges Los!

DOCKDAISY

Stopft ihm sein schmutziges Maul, ihr!

RAGG

Dem Gangster flicht die Nachwelt keine Kränze!
Die wankelmütige Menge wendet sich
Zu neuen Helden. Und der Held von gestern
Sinkt in Vergessenheit. Sein Steckbrief gilbt
In staubigen Archiven. »Schlug ich nicht
Euch Wunden, Leute?« – »Wann?« –
                                    »Einst!« – »Ach, die Wunden
Sind lang schon Narben!« – »Und die schönsten Narben
Verlaufen sich mit jenen, die sie tragen!« –
»So bleibt in einer Welt, wo gute Taten
So unbemerkt gehn, nicht einmal von üblen
Ein kleines Zeugnis?« – »Nein!« – »O faule Welt!«

UI *brüllt auf*

Stopft ihm das Maul!

RAGG *erblassend*

                    He! Keine rauhen Töne

Ui, mit der Presse!

Die Gäste sind alarmiert aufgestanden.

ROMA *drängt Ragg weg*

                    Geh nach Haus, Ted, du
Hast ihm genug gesagt. Geh schnell.

RAGG *rückwärts weggehend, jetzt sehr in Furcht*

                                    Auf später!

Das Lokal leert sich schnell.

ROMA *zu Ui*

Du bist nervös, Arturo.

UI

                    Diese Burschen
Behandeln mich wie Dreck.

ROMA

Warum, 's ist nur
Dein langes Schweigen, nichts sonst.

UI *düster*

Wo bleibt Giri
Mit diesem Prokuristen vom Karfioltrust?

ROMA

Er wollt mit ihm um drei Uhr hier sein.

UI

Und
Was ist das mit Givola und Capone?

ROMA

Nichts Ernstliches. Capone war bei ihm nur
Im Blumenladen, Kränze einzukaufen.

UI

Kränze? Für wen?

ROMA

Ich weiß nicht. Nicht für uns.

UI

Ich bin nicht sicher.

ROMA

Ach, du siehst zu schwarz heut.
Kein Mensch bekümmert sich um uns.

UI

So ist es! Dreck
Behandeln sie mit mehr Respekt. Der Givola
Läuft weg beim ersten Mißerfolg. Ich schwör dir
Ich rechne ab mit ihm beim ersten Erfolg!

ROMA

Giri!
*Eintritt Emanuele Giri mit einem heruntergekommenen
Individuum, Bowl.*

GIRI

Das ist der Mann, Chef!

ROMA *zu Bowl*

Und du bist
Sheets Prokurist, im Karfioltrust?

BOWL

War.
War Prokurist, Chef. Bis vorige Woche.
Bis dieser Hund . . .

GIRI

Er haßt, was nach Karfiol riecht.

BOWL

Der Dogsborough . . .

UI *schnell*

Was ist mit Dogsborough?

ROMA

Was hattest du zu tun mit Dogsborough?

GIRI

Drum schleif ich ihn ja her!

BOWL

Der Dogsborough
Hat mich gefeuert.

ROMA

Aus Sheets Reederei?

BOWL

Aus seiner eignen. Es ist seine, seit
Anfang September.

ROMA

Was?

GIRI

Sheets Reederei –
Das ist der Dogsborough. Bowl war dabei
Als Butcher vom Karfioltrust selbst dem Alten die
Aktienmehrheit überstellte.

UI

Und?

BOWL

Und 's ist 'ne blutige Schande . . .

GIRI

Siehst du's nicht, Chef?

BOWL

. . . daß Dogsborough die fette Stadtanleih
Für den Karfioltrust vorschlug . . .

GIRI

. . . und geheim
Selbst im Karfioltrust saß!

UI *dem es zu dämmern beginnt*

Das ist korrupt!
Bei Gott! Der Dogsborough hat Dreck am Stecken!

BOWL

Die Anleih ging an den Karfioltrust, aber
Sie machten's durch die Reederei. Durch mich.
Und ich zeichnete für Dogsborough
Und nicht für Sheet, wie es nach außen aussah.

GIRI

Wenn das kein Schlager ist! Der Dogsborough!
Das rostige alte Aushängeschild! Der biedre
Verantwortungsbewußte Händedrücker.
Der unbestechliche wasserdichte Greis.

BOWL

Ich tränk's ihm ein, mich wegen Unterschleif
Zu feuern, und er selber . . . Hund!

ROMA

Nimm's ruhig!
's gibt außer dir noch andere Leute, denen
Das Blut kocht, wenn sie so was hören müssen.
Was meinst du, Ui?

UI *auf Bowl*

Wird er's beschwören?

GIRI

Sicher.

UI *groß aufbrechend*
Haltet ein Aug auf ihn! Komm, Roma! Jetzt
Riech ich Geschäfte!
Er geht schnell ab, von Ernesto Roma und den Leibwäch-
tern gefolgt.
GIRI *schlägt Bowl auf die Schulter*
Bowl, du hast vielleicht
Ein Rad in Schwung gesetzt, das ...
BOWL
Und betreffs
Des Zasters ...
GIRI
Keine Furcht! Ich kenn den Chef.
Eine Schrift taucht auf.

5

Dogsboroughs Landhaus. Dogsborough und sein Sohn.

DOGSBOROUGH
Dies Landhaus hätt ich niemals nehmen dürfen.
Daß ich mir das Paket halb schenken ließ
War nicht angreifbar.
DER JUNGE DOGSBOROUGH
Absolut nicht.
DOGSBOROUGH
Daß
Ich um die Anleih ging, weil ich am eignen Leib
Erfuhr, wie da ein blühender Geschäftszweig
Verkam aus Not, war kaum ein Unrecht. Nur
Daß ich, vertrauend, daß die Reederei was abwürf
Dies Landhaus schon genommen hatte, als
Ich diese Anleih vorschlug, und so insgeheim
In eigner Sach gehandelt hab, war falsch.

33

DER JUNGE DOGSBOROUGH

Ja, Vater.

DOGSBOROUGH

       's war ein Fehler oder kann
Als Fehler angesehen werden. Junge, dieses
Landhaus hätt ich nicht nehmen dürfen.

DER JUNGE DOGSBOROUGH

                      Nein.

DOGSBOROUGH

Wir sind in eine Fall gegangen, Sohn.

DER JUNGE DOGSBOROUGH

Ja, Vater.

DOGSBOROUGH

       Dies Paket war wie des Schankwirts
Salziges Krabbenzeug, im Drahtkorb, gratis
Dem Kunden hingehängt, damit er, seinen
Billigen Hunger stillend, sich Durst anfrißt.
Pause.
Die Anfrag nach den Kaianlagen im Stadthaus
Gefällt mir nicht. Die Anleih ist verbraucht –
Clark nahm, und Butcher nahm, Flake nahm und Caruther
Und leider Gottes nahm auch ich, und noch ist
Kein Pfund Zement gekauft! Das einzige Gute:
Daß ich den Handel auf Sheets Wunsch nicht an
Die große Glocke hing, so daß niemand weiß
Ich hab zu tun mit dieser Reederei.

DIENER *tritt ein*

Herr Butcher vom Karfioltrust an der Leitung.

DOGSBOROUGH

Junge geh du!
*Der junge Dogsborough mit dem Diener ab. Man hört
Glocken von fern.*

DOGSBOROUGH

        Was kann der Butcher wollen?
Zum Fenster hinausblickend

Es waren die Pappeln, die bei diesem Landsitz
Mich reizten. Und der Blick zum See, wie Silber
Bevor's zu Talern wird. Und daß nicht saurer
Geruch von altem Bier hier hängt. Die Tannen
Sind auch gut anzusehn, besonders die Wipfel.
Es ist ein Graugrün. Staubig. Und die Stämme
Von der Farb des Kalbleders, das man früher beim Abzapfen
Am Faß verwandte. Aber den Ausschlag gaben
Die Pappeln. Ja, die Pappeln waren's. Heut
Ist Sonntag. Hm. Die Glocken klängen friedlich
Wär in der Welt nicht so viel Menschenbosheit.
Was kann der Butcher heut, am Sonntag, wollen?
Ich hätt dies Landhaus . . .

DER JUNGE DOGSBOROUGH *zurück*

                    Vater, Butcher sagt
Im Stadthaus sei heut nacht beantragt worden
Den Stand der Kaianlagen des Karfioltrusts
Zu untersuchen! Vater, fehlt dir was?

DOGSBOROUGH

  Mein Kampfer!

DER JUNGE DOGSBOROUGH

            Hier!

DOGSBOROUGH

                Was will der Butcher machen?

DER JUNGE DOGSBOROUGH

  Herkommen.

DOGSBOROUGH

            Hierher? Ich empfang ihn nicht.
Ich bin nicht wohl. Mein Herz.
Er steht auf. Groß

                   Ich hab mit dieser
Sach nichts zu tun. Durch sechzig Jahre war
Mein Weg ein grader, und das weiß die Stadt.
Ich hab mit ihren Schlichen nichts gemein.

DER JUNGE DOGSBOROUGH

Ja, Vater. Ist dir besser?

DER DIENER *herein*

Ein Herr Ui

Ist in der Halle.

DOGSBOROUGH

Der Gangster!

DER DIENER

Ja. Sein Bild

War in den Blättern. Er gibt an, Herr Clark
Vom Karfioltrust habe ihn geschickt. –

DOGSBOROUGH

Wirf ihn hinaus! Wer schickt ihn? Clark? Zum Teufel!
Schickt er mir Gangster auf den Hals? Ich will ...

Eintreten Arturo Ui und Ernesto Roma.

UI

Herr Dogsborough.

DOGSBOROUGH

Hinaus!

ROMA

Nun, nun! Gemütlich!

Nichts Übereiltes! Heut ist Sonntag, was?

DOGSBOROUGH

Ich sag: Hinaus!

DER JUNGE DOGSBOROUGH

Mein Vater sagt: Hinaus!

ROMA

Und sagt er's nochmals, ist's nochmals nichts Neues.

UI *unbewegt*

Herr Dogsborough.

DOGSBOROUGH

Wo sind die Diener? Hol

Die Polizei!

ROMA

Bleib lieber stehn, Sohn! Schau

Im Flur, mag sein, sind ein paar Jungens, die
Dich mißverstehen könnten.

DOGSBOROUGH

So. Gewalt.

ROMA

Oh, nicht Gewalt! Nur etwas Nachdruck, Freund.
Stille.

UI

Herr Dogsborough.Ich weiß, Sie kennen mich nicht.
Oder nur vom Hörensagen, was schlimmer ist.
Herr Dogsborough, Sie sehen vor sich einen
Verkannten Mann. Sein Bild geschwärzt von Neid
Sein Wollen entstellt von Niedertracht. Als ich
Vor nunmehr vierzehn Jahren als Sohn der Bronx und
Einfacher Arbeitsloser in dieser Stadt
Meine Laufbahn anfing, die, ich kann es sagen
Nicht ganz erfolglos war, hatt ich um mich nur
Sieben brave Jungens, mittellos, jedoch
Entschlossen wie ich, ihr Fleisch herauszuschneiden
Aus jeder Kuh, die unser Herrgott schuf.
Nun, jetzt sind's dreißig, und es werden mehr sein.
Sie werden fragen: Was will Ui von mir?
Ich will nicht viel. Ich will nur eines: nicht
Verkannt sein! Nicht als Glücksjäger, Abenteurer
Oder was weiß ich betrachtet werden. *Räuspern.*
Zumindest nicht von einer Polizei
Die ich stets schätzte. Drum steh ich vor Ihnen
Und bitt Sie – und ich bitt nicht gern –, für mich
Ein Wörtlein einzulegen, wenn es not tut
Beir Polizei.

DOGSBOROUGH *ungläubig*

Sie meinen, für Sie bürgen?

UI

Wenn's not tut. Das hängt davon ab, ob wir
Im Guten auskommen mit den Grünzeughändlern.

DOGSBOROUGH

Was haben Sie im Grünzeughandel zu schaffen?

UI

Ich komm dazu. Ich bin entschlossen, ihn
Zu schützen. Gegen jeden Übergriff.
Wenn's sein muß, mit Gewalt.

DOGSBOROUGH

Soviel ich weiß
Ist er bis jetzt von keiner Seite bedroht.

UI

Bis jetzt. Vielleicht. Ich sehe aber weiter
Und frag: wie lang? Wie lang in solcher Stadt
Mit einer Polizei, faul und korrupt
Wird der Gemüsehändler sein Gemüse
In Ruh verkaufen können? Wird ihm nicht
Vielleicht schon morgen früh sein kleiner Laden
Von ruchloser Hand zerstört, die Kass geraubt sein?
Wird er nicht lieber heut schon gegen kleines Entgelt
Kräftigen Schutz genießen wollen?

DOGSBOROUGH

Ich
Denk eher: nein.

UI

Das würd bedeuten, daß er
Nicht weiß, was für ihn gut ist. Das ist möglich.
Der kleine Grünzeughändler, fleißig, aber
Beschränkt, oft ehrlich, aber selten weitblickend
Braucht starke Führung. Leider kennt er nicht
Verantwortung dem Trust gegenüber, dem
Er alles verdankt. Auch hier, Herr Dogsborough
Setzt meine Aufgab ein. Denn auch der Trust
Muß heut geschützt sein. Weg mit faulen Zahlern!
Zahl oder schließ den Laden! Mögen einige
Schwache zugrund gehn. Das ist Naturgesetz!
Kurz, der Karfioltrust braucht mich.

38

DOGSBOROUGH

                    Was geht mich
Der Karfioltrust an? Ich denk, Sie sind mit Ihrem
Merkwürdigen Plan an falscher Stelle, Mann.

UI

Darüber später. Wissen Sie, was Sie brauchen?
Sie brauchen Fäuste im Karfioltrust! Dreißig
Entschlossene Jungens unter meiner Führung!

DOGSBOROUGH

Ich weiß nicht, ob der Trust statt Schreibmaschinen
Thompsonkanonen haben will, doch ich
Bin nicht im Trust.

UI

                    Wir reden davon noch.
Sie sagen: dreißig Männer, schwer bewaffnet
Gehn aus und ein im Trust. Wer bürgt uns da
Daß nicht uns selbst was zustößt? Nun, die Antwort
Ist einfach die: Die Macht hat stets, wer zahlt.
Und wer die Lohntüten austeilt, das sind Sie.
Wie könnt ich jemals gegen Sie ankommen?
Selbst wenn ich wollte und Sie nicht so schätzte
Wie ich es tu, Sie haben mein Wort dafür!
Was bin ich schon? Wie groß ist schon mein Anhang?
Und wissen Sie, daß einige bereits abfallen?
Heut sind's noch zwanzig, wenn's noch zwanzig sind!
Wenn Sie mich nicht retten, bin ich aus. Als Mensch
Sind Sie verpflichtet, heute mich zu schützen
Vor meinen Feinden und, ich sag's, wie's ist
Vor meinen Anhängern auch! Das Werk von vierzehn Jahren
Steht auf dem Spiel! Ich rufe Sie als Mensch an!

DOGSBOROUGH

So hören Sie, was ich als Mensch tun werd:
Ich ruf die Polizei.

UI

                    Die Polizei?

DOGSBOROUGH

Jawohl, die Polizei.

UI

Heißt das, Sie weigern
Sich, mir als Mensch zu helfen? *Brüllt:* Dann verlang ich's
Von Ihnen als einem Verbrecher! Denn das sind Sie!
Ich werd Sie bloßstellen! Die Beweise hab ich!
Sie sind verwickelt in den Kaianlagen-
Skandal, der jetzt heraufzieht! Sheets Reederei
Sind Sie! Ich warn Sie! Treiben Sie mich nicht
Zum Äußersten! Die Untersuchung ist
Beschlossen worden!

DOGSBOROUGH *sehr bleich*

Sie wird niemals stattfinden!
Meine Freunde . . .

UI

Haben Sie nicht! Die hatten Sie gestern.
Heut haben Sie keinen Freund mehr, aber morgen
Haben Sie nur Feinde. Wenn Sie einer rettet
Bin ich's! Arturo Ui! Ich! Ich!

DOGSBOROUGH

Die Untersuchung
Wird es nicht geben. Niemand wird mir das
Antun. Mein Haar ist weiß . . .

UI

Doch außer Ihrem Haar
Ist nichts an Ihnen weiß. Mann! Dogsborough!
Versucht, seine Hand zu ergreifen.
Vernunft! Nur jetzt Vernunft! Lassen Sie sich retten
Von mir! Ein Wort von Ihnen, und ich schlag
Einen jeden nieder, der Ihnen nur ein einziges
Haar krümmen will! Dogsborough, helfen Sie
Mir jetzt, ich bitt Sie, einmal! Nur einmal!
Ich kann nicht mehr vor meine Jungens, wenn
Ich nicht mit Ihnen übereinkomm!

Er weint.

DOGSBOROUGH

Niemals!
Bevor ich mich mit Ihnen einlass', will ich
Lieber zugrund gehn!

UI

Ich bin aus. Ich weiß es.
Ich bin jetzt vierzig und bin immer noch nichts!
Sie müssen mir helfen!

DOGSBOROUGH

Niemals!

UI

Sie, ich warn Sie!
Ich werde Sie zerschmettern!

DOGSBOROUGH

Doch solang ich
Am Leben bin, kommen Sie mir niemals, niemals
Zu ihrem Grünzeugracket!

UI *mit Würde*

Nun, Herr Dogsborough
Ich bin erst vierzig. Sie sind achtzig, also
Werd ich mit Gottes Hilf Sie überleben!
Ich weiß, ich komme in den Grünzeughandel!

DOGSBOROUGH

Niemals!

UI

Roma, wir gehn.
*Er verbeugt sich formell und verläßt mit Ernesto Roma
das Zimmer.*

DOGSBOROUGH

Luft! Was für eine Fresse!
Ach, was für eine Fresse! Nein, dies Landhaus
Hätt ich nicht nehmen dürfen! Aber sie werden's
Nicht wagen, da zu untersuchen. Sonst
Wär alles aus! Nein, nein, sie werden's nicht wagen.

DER DIENER *herein*

Goodwill und Gaffles von der Stadtverwaltung!
Auftreten Goodwill und Gaffles.

GOODWILL

Hallo, Dogsborough!

DOGSBOROUGH

Hallo, Goodwill und Gaffles!

Was Neues?

GOODWILL

Und nichts Gutes, fürcht ich. War
Das nicht Arturo Ui, der in der Hall
An uns vorüberging?

DOGSBOROUGH *mühsam lachend*

Ja, in Person.

Nicht grad 'ne Zierde in 'nem Landhaus.

GOODWILL

Nein.

Nicht grad 'ne Zierde! Nun, kein guter Wind
Treibt uns heraus zu dir. Es ist die Anleih
Des Karfioltrusts für die Kaianlagen.

DOGSBOROUGH *steif*

Was ist mit der Anleih?

GAFFLES

Nun, gestern im Stadthaus

Nannten sie einige, jetzt werd nicht zornig
Ein wenig fischig.

DOGSBOROUGH

Fischig.

GOODWILL

Sei beruhigt!

Die Mehrheit nahm den Ausdruck übel auf.
Ein Wunder, daß es nicht zu Schlägereien kam!

GAFFLES

Verträge Dogsboroughs fischig! wurd geschrien.
Und was ist mit der Bibel? Die ist wohl

42

Auch fischig plötzlich! 's wurd fast eine Ehrung
Für dich dann, Dogsborough! Als deine Freunde
Sofort die Untersuchung forderten
Fiel, angesichts unsres Vertrauns, doch mancher
Noch um und wollte nichts mehr davon hören.
Die Mehrheit aber, eifrig, deinen Namen
Auch nicht vom kleinsten Windhauch des Verdachts
Gerührt zu sehn, schrie: Dogsborough, das ist
Nicht nur ein Name und nicht nur ein Mann
's ist eine Institution! und setzte tobend
Die Untersuchung durch.

DOGSBOROUGH

                 Die Untersuchung.

GOODWILL

O'Casey führt sie für die Stadt. Die Leute
Vom Karfioltrust sagen nur, die Anleih
Sei direkt an Sheets Reederei gegeben
Und die Kontrakte mit den Baufirmen waren
Von Sheets Reederei zu tätigen.

DOGSBOROUGH

                 Sheets Reederei.

GOODWILL

Am besten wär's, du schicktest selbst 'nen Mann
Mit gutem Ruf, der dein Vertrauen hat
Und unparteiisch ist, hineinzuleuchten
In diesen dunklen Rattenkönig.

DOGSBOROUGH

                 Sicher.

GAFFLES

So ist's erledigt, und jetzt zeig uns dein
Gepriesnes neues Landhaus, Dogsborough
Daß wir was zu erzählen haben!

DOGSBOROUGH   Ja.

GOODWILL

Friede und Glocken! Was man wünschen kann!

GAFFLES *lachend*
   Und keine Kaianlag!
DOGSBOROUGH

                    Ich schick den Mann!
   Sie gehen langsam hinaus.
   Eine Schrift taucht auf.

6

   Stadthaus. Butcher, Flake, Clark, Mulberry, Caruther.
   Gegenüber neben Dogsborough, der kalkweiß ist, O'Casey,
   Gaffles und Goodwill. Presse.

BUTCHER *leise*
   Er bleibt lang aus.
MULBERRY

                    Er kommt mit Sheet. Kann sein
   Sie sind nicht übereins. Ich denk, sie haben
   Die ganze Nacht verhandelt. Sheet m u ß sagen
   Daß er die Reederei noch hat.
CARUTHER

                         Es ist für Sheet
   Kein Honiglecken, sich hierherzustellen
   Und zu beweisen, daß nur er der Schurk ist.
FLAKE
   Sheet macht es nie.
CLARK

                    Er muß.
FLAKE

                         Warum soll er
   Fünf Jahr Gefängnis auf sich nehmen?
CLARK

                                   's ist

44

Ein Haufen Geld, und Mabel Sheet braucht Luxus.
Er ist noch heut vernarrt in sie. Er macht's.
Und was Gefängnis angeht: Er wird kein
Gefängnis sehn. Das richtet Dogsborough.
*Man hört Geschrei von Zeitungsjungen, und ein Reporter
bringt ein Blatt herein.*

GAFFLES
Sheet ist tot aufgefunden. Im Hotel.
In seiner Westentasche ein Billett nach Frisco.

BUTCHER
Sheet tot?

O'CASEY *liest*
          Ermordet.

MULBERRY
                 Oh!

FLAKE *leise*
                      Er hat es nicht gemacht.

GAFFLES
Dogsborough, ist dir übel?

DOGSBOROUGH *mühsam*
                   's geht vorbei.

O'CASEY
Der Tod des Sheet . . .

CLARK
              Der unerwartete Tod
Des armen Sheet ist fast 'ne Harpunierung
Der Untersuchung . . .

O'CASEY
               Freilich: Unerwartet
Kommt oft erwartet, man erwartet oft
Was Unerwartetes, so ist's im Leben.
Jetzt steh ich vor euch mit gewaschenem Hals
Und hoff, ihr müßt mich nicht an Sheet verweisen
Mit meinen Fragen, denn Sheet ist sehr schweigsam
Seit heute nacht, wie ich aus diesem Blatt seh.

MULBERRY

Was heißt das, eure Anleih wurde schließlich
Der Reederei gegeben, ist's nicht so?

O'CASEY

So ist's, jedoch: Wer ist die Reederei?

FLAKE *leise*

Komische Frag. Er hat noch was im Ärmel!

CLARK *ebenso*

Was könnt das sein?

O'CASEY

                    Fehlt dir was, Dogsborough?

Ist es die Luft?
Zu den andern

                    Ich mein nur, man könnt sagen:
Jetzt muß der Sheet nebst einigen Schaufeln Erde
Auf sich auch noch den andern Dreck hier nehmen.
Ich ahn ...

CLARK

              Vielleicht, O'Casey, es wär besser
Sie ahnten nicht so viel. In dieser Stadt
Gibt es Gesetze gegen üble Nachred.

MULBERRY

Was soll euer dunkles Reden? Wie ich hör
Hat Dogsborough 'nen Mann bestimmt, dies alles
Zu klären. Nun, so wartet auf den Mann!

O'CASEY

Er bleibt lang aus. Und wenn er kommt, dann, hoff ich
Erzählt er uns nicht nur von Sheet.

FLAKE

                          Wir hoffen
Er sagt, was ist, nichts sonst.

O'CASEY

                    So, 's ist ein ehrlicher Mann?
Das wär nicht schlecht. Da Sheet heut nacht erst starb
Könnt alles schon geklärt sein. Nun, ich hoff

46

zu Dogsborough

Es ist ein guter Mann, den du gewählt hast.

CLARK *scharf*

Er ist der, der er ist, ja? Und hier kommt er.

Auftreten Arturo Ui und Ernesto Roma, begleitet von Leibwächtern.

UI

Hallo, Clark! Hallo, Dogsborough! Hallo.

CLARK

Hallo, Ui!

UI

Nun, was will man von mir wissen?

O'CASEY *zu Dogsborough*

Das hier dein Mann?

CLARK

Gewiß, nicht gut genug?

GOODWILL

Dogsborough, heißt das . . . ?

O'CASEY *da die Presse unruhig geworden ist*

Ruhe dort!

EIN REPORTER

's ist Ui!

Gelächter. O'Casey schafft Ruhe. Dann mustert er die Leibwächter.

O'CASEY

Wer sind die Leute?

UI

Freunde.

O'CASEY *zu Roma*

Wer sind Sie?

UI

Mein Prokurist, Ernesto Roma.

GAFFLES

Halt.

Ist, Dogsborough, das hier dein Ernst?

Dogsborough schweigt.

O'CASEY

Herr Ui
Wie wir Herrn Dogsboroughs beredtem Schweigen
Entnehmen, sind es Sie, der sein Vertraun hat
Und unsres wünscht. Nun, wo sind die Kontrakte?

UI

Was für Kontrakte?

CLARK *da O'Casey Goodwill ansieht*

Die die Reederei
Bezwecks des Ausbaus ihrer Kaianlagen
Mit Baufirmen getätigt haben muß.

UI

Ich weiß nichts von Kontrakten.

O'CASEY

Nein?

CLARK

Sie meinen
's gibt keine solchen?

O'CASEY *schnell*

Sprachen Sie mit Sheet?

UI *schüttelt den Kopf*

Nein.

CLARK

Ach, Sie sprachen nicht mit Sheet?

UI *hitzig*

Wer das
Behauptet, daß ich mit dem Sheet sprach, lügt.

O'CASEY

Ich dacht, Sie schauten in die Sache, Ui
Im Auftrag Dogsboroughs?

UI

Das tat ich auch.

O'CASEY

Und trug, Herr Ui, Ihr Studium Früchte?

UI

                                  Sicher.
Es war nicht leicht, die Wahrheit festzustellen.
Und sie ist nicht erfreulich. Als Herr Dogsborough
Mich zuzog, im Interesse dieser Stadt
Zu klären, wo das Geld der Stadt, bestehend
Aus den Spargroschen von uns Steuerzahlern
Und einer Reederei hier anvertraut
Geblieben ist, mußt ich mit Schrecken feststellen
Daß es veruntreut worden ist. Das ist Punkt eins.
Punkt zwei ist: Wer hat es veruntreut? Nun
Auch das konnt ich erforschen, und der Schuldige
Ist leider Gottes . . .

O'CASEY

                    Nun, wer ist es?

UI

                                  Sheet.

O'CASEY

Oh, Sheet! Der schweigsame Sheet, den Sie nicht sprachen?

UI

Was schaut ihr so? Der Schuldige heißt Sheet.

CLARK

Der Sheet ist tot. Hast du's denn nicht gehört?

UI

So, er ist tot? Ich war die Nacht in Cicero.
Drum hab ich nichts gehört. Roma war bei mir.
Pause.

ROMA

Das nenn ich komisch. Meint ihr, das ist Zufall
Daß er grad jetzt . . . ?

UI

                    Meine Herrn, das ist kein Zufall.
Sheets Selbstmord ist die Folge von Sheets Verbrechen.
's ist ungeheuerlich!

O'CASEY

'sist nur kein Selbstmord.

UI

Was sonst! Natürlich, ich und Roma waren
Heut nacht in Cicero, wir wissen nichts.
Doch was ich weiß, was uns jetzt klar ist: Sheet
Scheinbar ein ehrlicher Geschäftsmann, war
Ein Gangster!

O'CASEY

Ich versteh. Kein Wort ist Ihnen
Zu scharf für Sheet, für den heut nacht noch andres
Zu scharf war, Ui. Nun, Dogsborough, zu dir.

DOGSBOROUGH

Zu mir?

BUTCHER *scharf*

Was ist mit Dogsborough?

O'CASEY

Das ist:
Wie ich Herrn Ui versteh – und ich versteh
Ihn, denk ich, gut –, war's eine Reederei
Die Geld erhielt und die es unterschlug.
So bleibt nur eine Frage nun: wer ist
Die Reederei? Ich höre, sie heißt Sheet.
Doch was sind Namen? Was uns interessiert
Ist, wem die Reederei gehörte. Nicht
Nur, wie sie hieß! Gehörte sie auch Sheet?
Sheet ohne Zweifel könnt's uns sagen, aber
Sheet spricht nicht mehr von dem, was ihm gehörte
Seitdem Herr Ui in Cicero war. Wär's möglich
Daß doch ein andrer der Besitzer war
Als der Betrug geschah, der uns beschäftigt?
Was meinst du, Dogsborough?

DOGSBOROUGH

Ich?

O'CASEY

                    Ja. Könnt es sein
    Daß du an Sheets Kontortisch saßest, als dort
    Grad ein Kontrakt, nun, sagen wir – nicht gemacht wurd?

GOODWILL

    O'Casey!

GAFFLES *zu O'Casey*

            Dogsborough?! Was fällt dir ein?

DOGSBOROUGH

    Ich . . .

O'CASEY

        Und schon früher, als du uns im Stadthaus
    Erzähltest, wie der Karfiol es schwer hätt
    Und daß wir eine Anleih geben müßten –
    War's eigene Erfahrung, die da sprach?

BUTCHER

    Was soll das? Seht ihr nicht, dem Mann ist übel.

CARUTHER

    Ein alter Mann!

FLAKE

                Sein weißes Haar müßt euch
    Belehren, daß in ihm kein Arg sein kann.

ROMA

    Ich sag: Beweise!

O'CASEY

                Was Beweise angeht . . .

UI

    Ich bitt um Ruhe! Etwas Ordnung, Freunde!

GAFFLES *laut*

    Um Himmels willen, Dogsborough, sprich!

EIN LEIBWÄCHTER *brüllt plötzlich*

                            Der Chef

    Will Ruhe! Ruhig!
    Plötzliche Stille.

UI

                    Wenn ich sagen darf
Was mich bewegt in dieser Stunde und
Bei diesem Anblick, der beschämend ist –
Ein alter Mann beschimpft und seine Freunde
Schweigend herumstehnd –, so ist's das: Herr Dogsborough
Ich glaube Ihnen. Sieht so Schuld aus, frag ich?
Blickt so ein Mann, der krumme Wege ging?
Ist weiß hier nicht mehr weiß, schwarz nicht mehr schwarz?
's ist weit gekommen, wenn es so weit kommt.

CLARK

Man wirft hier einem unbescholtenen Mann
Bestechung vor!

O'CASEY

                    Und mehr als das: Betrug!
Denn ich behaupt, die schattige Reederei
Von der wir so viel Schlechtes hörten, als man
Sie noch dem Sheet zuschrieb, war Eigentum
Des Dogsborough zur Zeit der Anleih!

MULBERRY

Das ist Lüge!

GAFFLES

                    Ich setz meinen Kopf zum Pfand
Für Dogsborough! Oh, lad die ganze Stadt!
Und find da einen, der ihn schwarz nennt!

REPORTER *zu einem andern, der eben eintritt*

                              Eben
Wird Dogsborough beschuldigt!

DER ANDERE REPORTER

                              Dogsborough?
Warum nicht Abraham Lincoln?

MULBERRY UND FLAKE

                              Zeugen! Zeugen!

O'CASEY

Ach, Zeugen? Wollt ihr das? Nun, Smith, wie steht's

Mit unserm Zeugen? Ist er da? Ich seh
Er ist gekommen.
*Einer seiner Leute ist in die Tür getreten und hat ein Zeichen
gemacht. Alle blicken zur Tür. Kurze Pause. Dann hört man
eine Folge von Schüssen und Lärm. Große Unruhe. Die
Reporter laufen hinaus.*

DIE REPORTER

Es ist vor dem Haus.
Maschinengewehr. Wie heißt dein Zeuge, O'Casey?
Dicke Luft. Hallo, Ui!

O'CASEY *zur Tür gehend*
Bowl. *Schreit hinaus:* Hier herein!

DIE LEUTE VOM KARFIOLTRUST
Was ist los? Jemand ist abgeschossen worden
Auf der Treppe. Verdammt!

BUTCHER *zu Ui*
Mehr Unfug? Ui, wir sind geschiedene Leute
Wenn da was vorging, was . . .

UI

Ja?

O'CASEY

Bringt ihn rein!
Polizisten tragen einen Körper herein.

O'CASEY
's ist Bowl. Meine Herrn, mein Zeuge ist nicht mehr
Vernehmungsfähig, fürcht ich.
*Er geht schnell ab. Die Polizisten haben Bowls Leiche in
eine Ecke gelegt.*

DOGSBOROUGH   Gaffles, nimm
Mich weg von hier.
Gaffles geht, ohne zu antworten, an ihm vorbei hinaus.

UI *mit ausgestreckter Hand auf Dogsborough zu*
Meinen Glückwunsch, Dogsborough!
Ich will, daß Klarheit herrscht. So oder so.
Eine Schrift taucht auf.

7

*Mammoth-Hotel. Suite des Ui. Zwei Leibwächter führen
einen zerlumpten Schauspieler vor den Ui. Im Hintergrund
Givola.*

ERSTER LEIBWÄCHTER
Er ist ein Schauspieler, Chef. Unbewaffnet.

ZWEITER LEIBWÄCHTER
Er hätte nicht die Pinkepinke für einen Browning. Voll ist
er nur, weil sie ihn in der Kneipe was deklamieren lassen,
wenn sie voll sind. Aber er soll gut sein. Er ist ein Klassi-
kanischer.

UI
So hören Sie: man hat mir zu verstehen gegeben, daß meine
Aussprache zu wünschen übrig läßt. Und da es unvermeid-
lich sein wird, bei dem oder jenem Anlaß ein paar Worte zu
äußern, ganz besonders, wenn's einmal politisch wird, will
ich Stunden nehmen. Auch im Auftreten.

DER SCHAUSPIELER
Jawohl.

UI
Den Spiegel vor!
Ein Leibwächter trägt einen großen Stehspiegel nach vorn.

UI
Zuerst das Gehen. Wie geht ihr auf dem Theater oder in
der Oper?

DER SCHAUSPIELER
Ich versteh Sie. Sie meinen den großen Stil. Julius Cäsar,
Hamlet, Romeo, Stücke von Shakespeare. Herr Ui, Sie sind
an den rechten Mann gekommen. Wie man klassisch auf-
tritt, kann der alte Mahonney Ihnen in zehn Minuten bei-
bringen. Sie sehen einen tragischen Fall vor sich, meine
Herren. Ich hab mich ruiniert mit Shakespeare. Englischer
Dichter. Ich könnte heute am Broadway spielen, wenn es

54

nicht Shakespeare gäbe. Die Tragödie eines Charakters. »Spielen Sie nicht Shakespeare, wenn Sie Ibsen spielen, Mahonney! Schauen Sie auf den Kalender! Wir halten 1912, Herr!« – »Die Kunst kennt keinen Kalender, Herr«, sage ich, »ich mache Kunst.« Ach ja.

GIVOLA

Mir scheint, du bist an den falschen Mann geraten, Chef. Er ist passé.

UI

Das wird sich zeigen. Gehen Sie herum, wie man bei diesem Shakespeare geht.

Der Schauspieler geht herum.

UI

Gut!

GIVOLA

Aber so kannst du nicht vor den Karfiolhändlern gehen! Es ist unnatürlich!

UI

Was heißt unnatürlich? Kein Mensch ist heut natürlich. Wenn ich gehe, wünsche ich, daß es bemerkt wird, daß ich gehe.

Er kopiert das Gehen des Schauspielers.

DER SCHAUSPIELER

Kopf zurück. *Ui legt den Kopf zurück.* Der Fuß berührt den Boden mit der Fußspitze zuerst. *Uis Fuß berührt den Boden mit der Fußspitze zuerst.* Gut. Ausgezeichnet. Sie haben eine Naturanlage. Nur mit den Armen muß noch etwas geschehen. Steif. Warten Sie. Am besten, Sie legen sie vor dem Geschlechtsteil zusammen. *Ui legt die Hände beim Gehen vor dem Geschlechtsteil zusammen.* Nicht schlecht. Ungezwungen und doch gerafft. Aber der Kopf ist zurück. Richtig. Ich denke, der Gang ist für Ihre Zwecke in Ordnung, Herr Ui. Was wünschen Sie noch?

UI

Das Stehen vor Leuten.

GIVOLA

Stell zwei kräftige Jungens hinter dich, und du stehst ausgezeichnet.

UI

Das ist Unsinn. Wenn ich stehe, wünsche ich, daß man nicht auf zwei Leute hinter mir, sondern auf mich schaut. Korrigieren Sie mich!

Er stellt sich in Positur, die Arme über der Brust gefaltet.

DER SCHAUSPIELER

Das ist möglich. Aber gewöhnlich. Sie wollen nicht aussehen wie ein Friseur, Herr Ui. Verschränken Sie die Arme so. *Er legt die Arme so übereinander, daß die Handrücken sichtbar bleiben, sie kommen auf die Oberarme zu liegen.* Eine minutiöse Änderung, aber der Unterschied ist gewaltig. Vergleichen Sie im Spiegel, Herr Ui.

Ui probiert die neue Armhaltung im Spiegel.

UI

Gut.

GIVOLA

Wozu machst du das? Nur für die
Feinen Herrn im Trust?

UI

Natürlich nicht. Selbstredend
Ist's für die kleinen Leute. Wozu, glaubst du
Tritt dieser Clark vom Trust zum Beispiel imPonierend auf? Doch nicht für seinesgleichen?
Denn da genügt sein Bankguthaben, gradso
Wie für bestimmte Zwecke kräftige Jungens
Mir den Respekt verschaffen. Clark tritt imPonierend auf der kleinen Leute wegen!
Und so tu ich's.

GIVOLA

Nur man könnt sagen: 's wirkt
Nicht angeboren. Es gibt Leute, die
Da heikel sind.

UI

          Selbstredend gibt es die.
Nur kommt's nicht darauf an, was der Professor denkt
Der oder jener Überschlaue, sondern
Wie sich der kleine Mann halt seinen Herrn
Vorstellt. Basta.

GIVOLA

             Jedoch, warum den Herrn
Herausgehängt? Warum nicht lieber bieder
Hemdsärmlig und mit blauem Auge, Chef?

UI

Dazu hab ich den alten Dogsborough.

GIVOLA

Der hat etwas gelitten, wie mir scheint.
Man führt es zwar noch unter »Haben« auf
Das wertvolle alte Stück, doch zeigen tut man's
Nicht mehr so gern, mag sein, 's ist nicht ganz echt . . .
So geht's mit der Familienbibel, die
Man nicht mehr aufschlägt, seit man, im Freundeskreis
Gerührt drin blätternd, zwischen den ehrwürdigen
Vergilbten Seiten die vertrocknete
Wanze entdeckte. Aber freilich, für
Den Karfiol dürft er noch gut genug sein.

UI

Wer respektabel ist, bestimme ich.

GIVOLA

Klar, Chef. Nichts gegen Dogsborough! Man kann
Ihn noch gebrauchen. Nicht einmal im Stadthaus
Läßt man ihn fallen, weil's gäb zu lauten Krach.

UI

Das Sitzen.

DER SCHAUSPIELER

Das Sitzen. Das Sitzen ist beinahe das schwerste, Herr Ui.
Es gibt Leute, die können gehen; es gibt Leute, die können
stehen, aber wo sind die Leute, die sitzen können? Nehmen

57

Sie einen Stuhl mit Lehne, Herr Ui. Und jetzt lehnen Sie
sich nicht an. Hände auf die Oberschenkel, parallel mit dem
Bauch, Ellenbogen stehen vom Körper ab. Wie lange können Sie so sitzen, Herr Ui?

UI

Beliebig lang.

DER SCHAUSPIELER

Dann ist alles gut, Herr Ui.

GIVOLA

Vielleicht ist's richtig, Chef, wenn du das Erbe
Des Dogsborough dem lieben Giri läßt.
Der trifft Volkstümlichkeit – auch ohne Volk.
Er mimt den Lustigen und kann so lachen
Daß vom Plafond die Stukkatur abfällt
Wenn's not tut. Und auch wenn's nicht not tut, wenn
Zum Beispiel du als Sohn der Bronx auftrittst
Was du doch wahrlich bist, und von den sieben
Entschlossenen Jungens sprichst . . .

UI

                  So. Lacht er da?

GIVOLA

Daß vom Plafond die Stukkatur fällt. Aber
Sag nichts zu ihm, sonst sagt er wieder, ich
Sei ihm nicht grün. Gewöhn ihm lieber ab
Hüte zu sammeln.

UI

           Was für Hüte?

GIVOLA

                Hüte
Von Leuten, die er abgeschossen hat.
Und damit öffentlich herumzulaufen.
's ist ekelhaft.

UI

        Dem Ochsen, der da drischt
Verbind ich nicht das Maul. Ich überseh

Die kleinen Schwächen meiner Mitarbeiter.
Zum Schauspieler
Und nun zum Reden! Tragen Sie was vor!

DER SCHAUSPIELER

Shakespeare. Nichts anderes. Cäsar. Der antike Held. *Er zieht ein Büchlein aus der Tasche.* Was halten Sie von der Antoniusrede? Am Sarg Cäsars. Gegen Brutus. Führer der Meuchelmörder. Ein Muster der Volksrede, sehr berühmt. Ich spielte den Antonius in Zenith, 1908. Genau, was Sie brauchen, Herr Ui. *Er stellt sich in Positur und rezitiert, Zeile für Zeile, die Antoniusrede.* Mitbürger, Freunde, Römer, euer Ohr!

Ui spricht ihm nach aus dem Büchlein, mitunter ausgebessert von dem Schauspieler, jedoch wahrt er im Grund seinen knappen und rauhen Ton.

DER SCHAUSPIELER

Cäsar ist tot. Und Cäsar zu begraben
Nicht ihn zu preisen, kam ich her, Mitbürger!
Das Böse, das der Mensch tut, überlebt ihn;
Das Gute wird mit ihm zumeist verscharrt.
Sei's so mit Cäsar! Der wohledle Brutus
Hat euch versichert: Cäsar war tyrannisch.
Wenn er das wär, so wär's ein schwerer Fehler
Und schwer hätt Cäsar ihn nunmehr bezahlt.

UI *allein weiter*

Ich stehe hier mit Brutus' Billigung
(Denn Brutus ist ein ehrenwerter Mann
Das sind sie alle, ehrenwerte Männer)
An seinem Leichnam nun zu euch zu reden.
Er war mein Freund, gerecht und treu zu mir
Doch Brutus sagt uns, Cäsar war tyrannisch
Und Brutus ist ein ehrenwerter Mann.
Er brachte viel Gefangne heim nach Rom:
Roms Kassen füllten sich mit Lösegeldern.
Vielleicht war das von Cäsar schon tyrannisch?

Freilich, hätt das der arme Mann in Rom
Von ihm behauptet – Cäsar hätt geweint.
Tyrannen sind aus härterem Stoff? Vielleicht!
Doch Brutus sagt uns, Cäsar war tyrannisch
Und Brutus ist ein ehrenwerter Mann.
Ihre alle saht, wie bei den Luperkalien
Ich dreimal ihm die königliche Kron' bot.
Er wies sie dreimal ab. War das tyrannisch?
Nein? Aber Brutus sagt, er war tyrannisch
Und ist gewiß ein ehrenwerter Mann.
Ich rede nicht, Brutus zu widerlegen
Doch steh ich hier zu sagen, was ich weiß.
Ihr alle liebtet ihn einmal – nicht grundlos!
Was für ein Grund hält euch zurück zu trauern?
Während der letzten Verse fällt langsam der Vorhang.
Eine Schrift taucht auf.

8

*Büro des Karfioltrusts. Arturo Ui, Ernesto Roma, Giuseppe
Givola, Emanuele Giri und die Leibwächter. Eine Schar
kleiner Gemüsehändler hört den Ui sprechen. Auf dem
Podest neben dem Ui sitzt krank der alte Dogsborough. Im
Hintergrund Clark.*

UI *brüllend*
Mord! Schlächterei! Erpressung! Willkür! Raub!
Auf offner Straße knattern Schüsse! Männer
Ihrem Gewerb nachgehend, friedliche Bürger
Ins Stadthaus tretend, Zeugnis abzulegen
Gemordet am hellichten Tag! Und was
Tut dann die Stadtverwaltung, frag ich? Nichts!
Freilich, die ehrenwerten Männer müssen

Gewisse schattige Geschäfte planen
Und ehrlichen Leuten ihre Ehr abschneiden
Statt daß sie einschreiten.

GIVOLA

Hört!

UI

Kurz, es herrscht Chaos.
Denn: Wenn ein jeder machen kann, was er will
Und was sein Egoismus ihm eingibt
Heißt das, daß alle gegen alle sind
Und damit Chaos herrscht. Wenn ich ganz friedlich
Meinen Gemüseladen führ oder, sagen wir
Mein Lastauto mit Karfiol steuer oder
Was weiß ich, und ein andrer, weniger friedlich
In meinen Laden trampelt: »Hände hoch!«
Oder mir den Reifen platt schießt mit dem Browning
Kann nie ein Friede herrschen! Wenn ich aber
Das einmal weiß, daß Menschen so sind und
Nicht sanfte Lämmchen, muß ich etwas tun
Daß sie mir eben nicht den Laden zertrampeln
Und ich die Hände nicht jeden Augenblick
Wenn es dem Nachbarn paßt, hochheben muß
Sondern sie für meine Arbeit brauchen kann
Sagen wir zum Gurkenzählen oder was weiß ich.
Denn so ist eben der Mensch. Der Mensch wird nie
Aus eigenem Antrieb seinen Browning weglegen.
Etwa, weil's schöner wär oder weil gewisse
Schönredner im Stadthaus ihn dann loben würden.
Solang ich nicht schieß, schießt der andre! Das
Ist logisch. Aber was da tun, fragt ihr.
Das soll ihr hören. Eines gleich voraus:
So wie ihr's bisher machtet, so geht's nicht.
Faul vor der Ladenkasse sitzen und
Hoffen, daß alles gutgehn wird, und dazu
Uneinig unter euch, zersplittert, ohne

Starke Bewachung, die euch schützt und schirmt
Und hiemit ohnmächtig gegen jeden Gangster
So geht's natürlich nicht. Folglich das erste
Ist Einigkeit, was not tut. Zweitens Opfer.
Was, hör ich euch sagen, opfern sollen wir?
Geld zahlen für Schutz, dreißig Prozent abführen
Für Protektion? Nein, nein, das wollen wir nicht!
Da ist uns unser Geld zu lieb! Ja, wenn
Der Schutz umsonst zu haben wär, dann gern!
Ja, meine lieben Gemüsehändler, so
Einfach ist's nicht. Umsonst ist nur der Tod.
Alles andere kostet. Und so kostet auch Schutz.
Und Ruhe und Sicherheit und Friede. Das
Ist nun einmal im Leben so. Und drum
Weil das so ist und sich nie ändern wird
Hab ich und einige Männer, die ihr hier
Stehn seht – und andere sind noch draußen –, beschlossen
Euch unsern Schutz zu leihn.
Givola und Roma klatschen Beifall.
                                Damit ihr aber
Sehn könnt, daß alles auf geschäftlicher Basis
Gemacht werden soll, ist Herr Clark erschienen
Von Clarks Großhandel, den ihr alle kennt.
Roma zieht Clark hervor.
Einige Gemüsehändler klatschen.

GIVOLA

Herr Clark, im Namen der Versammlung heiße
Ich Sie willkommen. Daß der Karfioltrust
Sich für Arturo Uis Ideen einsetzt
Kann ihn nur ehren. Vielen Dank, Herr Clark!

CLARK

Wir vom Karfioltrust, meine Herren und Damen
Sehn mit Alarm, wie schwer es für Sie wird
Das Grünzeug loszuschlagen. »'s ist zu teuer«
Hör ich Sie sagen. Doch, warum ist's teuer?

Weil unsre Packer, Lader und Schofföre
Verhetzt von schlechten Elementen, mehr
Und mehr verlangen. Aufzuräumen da
Ist, was Herr Ui und seine Freunde wünschen.

ERSTER HÄNDLER

Doch, wenn der kleine Mann dann weniger
Und weniger bekommt, wer kauft dann Grünzeug?

UI

                                        Diese Frage
Ist ganz berechtigt. Meine Antwort ist:
Der Arbeitsmann ist aus der heutigen Welt
Ob man ihn billigt oder nicht, nicht mehr
Hinwegzudenken. Schon als Kunde nicht.
Ich habe stets betont, daß ehrliche Arbeit
Nicht schändet, sondern aufbaut und Profit bringt.
Und hiemit nötig ist. Der einzelne Arbeitsmann
Hat meine volle Sympathie. Nur wenn er
Sich dann zusammenrottet und sich anmaßt
Da dreinzureden, wo er nichts versteht
Nämlich, wie man Profit herausschlägt und so weiter
Sag ich: Halt, Bruder, so ist's nicht gemeint.
Du bist ein Arbeitsmann, das heißt, du arbeit'st.
Wenn du mir streikst und nicht mehr arbeit'st, dann
Bist du kein Arbeitsmann mehr, sondern ein
Gefährliches Subjekt, und ich greif zu.
Clark klatscht Beifall.
Damit ihr aber seht, daß alles ehrlich
Auf Treu und Glauben vorgehn soll, sitzt unter
Uns hier ein Mann, der uns, ich darf wohl sagen
Allen, als Vorbild goldner Ehrlichkeit
Und unbestechlicher Moral dient, nämlich
Herr Dogsborough.
Die Gemüsehändler klatschen etwas stärker.
                        Herr Dogsborough, ich fühle
In dieser Stunde tief, wie sehr ich Ihnen

63

Zu Dank verpflichtet bin. Die Vorsehung
Hat uns vereinigt. Daß ein Mann wie Sie
Mich Jüngeren, den einfachen Sohn der Bronx
Zu seinem Freund, ich darf wohl sagen, Sohn
Erwählte, das werd ich Ihnen nie vergessen.
*Er faßt Dogsboroughs schlaff herabhängende Hand und
schüttelt sie.*

GIVOLA *halblaut*

Erschütternder Moment! Vater und Sohn!

GIRI *tritt vor*

Leute, der Chef spricht uns da aus dem Herzen!
Ich seh's euch an, ihr hättet ein paar Fragen.
Heraus damit! Und keine Furcht! Wir fressen
Keinen, der uns nichts tut. Ich sag's, wie's ist:
Ich bin kein Freund von vielem Reden und
Besonders nicht von unfruchtbarem Kritteln
Der Art, die ja an nichts ein gutes Haar läßt
Nur Achs und Abers kennt und zu nichts führt.
Gesunde, positive Vorschläg aber
Wie man das machen kann, was nun einmal
Gemacht werden muß, hören wir mit Freude an!
Quatscht los!
Die Gemüsehändler rühren sich nicht.

GIVOLA

       Und schont uns nicht! Ich denk, ihr kennt mich.
Und meine Blumenhandlung!

EIN LEIBWÄCHTER   Lebe Givola!

GIVOLA

Soll's also Schutz sein oder Schlächterei
Mord, Willkür, Raub, Erpressung? Hart auf hart?

ERSTER HÄNDLER

's war ziemlich friedlich in der letzten Zeit.
In meinem Laden gab es keinen Stunk.

ZWEITER HÄNDLER

In meinem auch nicht.

DRITTER HÄNDLER

Auch in meinem nicht.

GIVOLA

Merkwürdig!

ZWEITER HÄNDLER

Man hat ja gehört, daß kürzlich
Im Schankgeschäft so manches vorkam, was
Herr Ui uns schilderte, daß wo die Gläser
Zerschlagen wurden und der Sprit vergossen
Wenn nicht für Schutz gezahlt wurd, aber gottlob
Im Grünzeughandel war es bisher ruhig.

ROMA

Und Sheets Ermordung? Und der Tod des Bowl?
Nennt ihr das ruhig?

ZWEITER HÄNDLER

Hat das mit Karfiol
Zu tun, Herr Roma?

ROMA

Nein, 'nen Augenblick!
*Roma begibt sich zu Ui, der nach seiner großen Rede er-
schöpft und gleichgültig dasaß. Nach ein paar Worten winkt
er Giri her, und auch Givola nimmt an einer hastigen,
geflüsterten Unterredung teil. Dann winkt Giri einem der
Leibwächter und geht schnell mit ihm hinaus.*

GIVOLA

Werte Versammlung! Wie ich eben hör
Ersucht da eine arme Frau Herrn Ui
Von ihr vor der Versammlung ein paar Worte
Des Dankes anzuhören.
*Er geht nach hinten und geleitet eine geschminkte, auffällig
gekleidete Person – Dockdaisy – herein, die an der Hand
ein kleines Mädchen führt. Die drei begeben sich vor Ui,
der aufgestanden ist.*

GIVOLA

Sprechen Sie, Frau Bowl!

Zu den Grünzeughändlern
Ich hör, es ist Frau Bowl, die junge Witwe
Des Prokuristen Bowl vom Karfioltrust
Der gestern, pflichtgemäß ins Stadthaus eilend
Von unbekannter Hand ermordet wurde.
Frau Bowl!

DOCKDAISY
Herr Ui, ich möchte Ihnen in meinem tiefen Kummer, der
mich befallen hat angesichts des frechen Mordes, der an
meinem armen Mann verübt wurde, als er in Erfüllung seiner
Bürgerpflicht ins Stadthaus gehen wollte, meinen tiefge-
fühlten Dank aussprechen. Es ist für die Blumen, die Sie
mir und meinem kleinen Mädchen im Alter von sechs Jahren, die ihres Vaters beraubt wurde, geschickt haben. *Zur*
Versammlung: Meine Herren, ich bin nur eine arme Witwe
und möchte nur sagen, daß ich ohne Herrn Ui heute auf der
Straße läge, das beschwöre ich jederzeit. Mein kleines Mädchen im Alter von fünf Jahren und ich werden es Ihnen,
Herr Ui, niemals vergessen.
Ui reicht Dockdaisy die Hand und faßt dem Kind unter
das Kinn.

GIVOLA
Bravo!
Durch die Versammlung quer durch kommt Giri, den Hut
Bowls auf, gefolgt von einigen Gangstern, welche große
Petroleumkannen schleppen. Sie bahnen sich einen Weg
zum Ausgang.

UI
Frau Bowl, mein Beileid zum Verlust. Dies Wüten
Ruchlos und unverschämt, muß aufhören, denn . . .

GIVOLA *da die Händler aufzubrechen beginnen*

Halt!

Die Sitzung ist noch nicht geschlossen. Jetzt
Wird unser Freund James Greenwool zum Gedenken
Des armen Bowl ein Lied vortragen mit

Anschließender Sammlung für die arme Witwe.

Er ist ein Bariton.

*Einer der Leibwächter tritt vor und singt ein schmalziges
Lied, in dem das Wort »Heim« reichlich vorkommt. Die
Gangster sitzen während des Vortrags tief versunken in den
Musikgenuß, die Köpfe in die Hände gestützt oder mit
geschlossenen Augen zurückgelehnt usw. Der karge Beifall,
der sich danach erhebt, wird unterbrochen durch das Pfeifen
von Polizei- und Brandautosirenen. Ein großes Fenster im
Hintergrund hat sich gerötet.*

ROMA

Feuer im Dockbezirk!

STIMME

               Wo?

EIN LEIBWÄCHTER *herein*

               Ist hier ein

Grünzeughändler namens Hook?

ZWEITER HÄNDLER

                    Hier! Was ist los?

DER LEIBWÄCHTER

Ihr Speicher brennt.

*Der Händler Hook stürzt hinaus. Einige ihm nach. Andere
ans Fenster.*

ROMA

             Halt! Bleiben! Niemand

Verläßt den Raum!

Zum Leibwächter

               Ist's Brandstiftung?

DER LEIBWÄCHTER

                  Ja, sicher

Man hat Petroleumkannen vorgefunden, Boss.

DRITTER HÄNDLER

Hier wurden Kannen durchgetragen.

ROMA *rasend*   Wie?

Wird hier behauptet, daß es wir sind?

EIN LEIBWÄCHTER *stößt dem Mann den Browning in die Rippen*
                    Was

   Soll man hier durchgetragen haben? Kannen?
ANDERE LEIBWÄCHTER *zu anderen Händlern*
   Sahst du hier Kannen? Du?
DIE HÄNDLER   Ich nicht. – Auch ich nicht.
ROMA
   Das will ich hoffen!
GIVOLA *schnell*   Jener selbe Mann
   Der uns hier eben noch erzählte, wie
   Friedlich es zugeht im Karfiolgeschäft
   Sieht jetzt sein Lager brennen! Von ruchloser Hand
   In Asche verwandelt! Seht ihr immer noch nicht?
   Seid ihr denn blind? Jetzt einigt euch! Sofort!
UI *brüllend*
   's ist weit gekommen in dieser Stadt. Erst Mord
   Dann Brandstiftung! Ja, jedem, wie mir scheint
   Geht da ein Licht auf! Jeder ist gemeint!
   Eine Schrift taucht auf.

9

Der Speicherbrandprozeß. Presse. Richter. Ankläger. Ver-
teidigung. Der junge Dogsborough. Giri. Givola. Dockdaisy.
Leibwächter. Gemüsehändler und der Angeklagte Fish.

a

Vor dem Zeugenstuhl steht Emanuele Giri und zeigt auf
den Angeklagten Fish, der völlig apathisch dasitzt.

GIRI *schreiend*
   Das ist der Mann, der mit verruchter Hand
   Den Brand gelegt hat! Die Petroleumkanne

Hielt er an sich gedrückt, als ich ihn stellte.
Steh auf, du, wenn ich mit dir sprech! Steh auf!
Man reißt den Fish hoch. Er steht schwankend.

DER RICHTER

Angeklagter, reißen Sie sich zusammen. Sie stehen vor Gericht. Sie werden der Brandstiftung beschuldigt. Bedenken Sie, was für Sie auf dem Spiel steht!

FISH *lallt*

Arlarlarl.

DER RICHTER

Wo hatten Sie die Petroleumkannen bekommen?

FISH

Arlarl.
Auf einen Wink des Richters beugt sich ein übereleganter Arzt finsteren Aussehens über Fish und tauscht dann einen Blick mit Giri.

DER ARZT

Simuliert.

DER VERTEIDIGER

Die Verteidigung verlangt Hinzuziehung anderer Ärzte.

DER RICHTER *lächelnd*

Abgelehnt.

DER VERTEIDIGER

Herr Giri, wie kam es, daß Sie an Ort und Stelle waren, als das Feuer im Speicher des Herrn Hook ausbrach, das zweiundzwanzig Häuser in Asche legte?

GIRI

Ich machte einen Verdauungsspaziergang.
Einige Leibwächter lachen. Giri stimmt in das Lachen ein.

DER VERTEIDIGER

Ist Ihnen bekannt, Herr Giri, daß der Angeklagte Fish ein Arbeitsloser ist, der einen Tag vor dem Brand zu Fuß nach Chicago kam, wo er zuvor niemals gewesen war?

GIRI

Was, wenn?

DER VERTEIDIGER

Trägt Ihr Auto die Nummer XXXXXX?

GIRI

Sicher.

DER VERTEIDIGER

Stand dieses Auto vier Stunden vor dem Brand vor Dogsboroughs Restaurant in der 87. Straße und wurde aus dem
Restaurant der Angeklagte Fish in bewußtlosem Zustand
geschleppt?

GIRI

Wie soll ich das wissen? Ich war den ganzen Tag auf einer
Spazierfahrt nach Cicero, wo ich zweiundfünfzig Leute
traf, die beschwören können, daß sie mich gesehen haben.
Die Leibwächter lachen.

DER VERTEIDIGER

Sagten Sie nicht eben, daß Sie in Chicago, in der Gegend
der Docks, einen Verdauungsspaziergang machten?

GIRI

Haben Sie was dagegen, daß ich in Cicero speise und in
Chicago verdaue, Herr?
*Großes, anhaltendes Gelächter, in das auch der Richter
einstimmt.*
*Dunkel. Eine Orgel spielt Chopins Trauermarsch als Tanz-
musik.*

b

*Wenn es wieder hell wird, sitzt der Gemüsehändler Hook
im Zeugenstuhl.*

DER VERTEIDIGER

Haben Sie mit dem Angeklagten jemals einen Streit gehabt,
Herr Hook? Haben Sie ihn überhaupt jemals gesehen?

HOOK

Niemals.

DER VERTEIDIGER

Haben Sie Herrn Giri gesehen?

HOOK

Ja, im Büro des Karfioltrusts am Tag des Brandes meines Speichers.

DER VERTEIDIGER

Vor dem Brand?

HOOK

Unmittelbar vor dem Brand. Er ging mit vier Leuten, die Petroleumkannen trugen, durch das Lokal.

Unruhe auf der Pressebank und bei den Leibwächtern.

DER RICHTER

Ruhe auf der Pressebank!

DER VERTEIDIGER

An welches Grundstück grenzt Ihr Speicher, Herr Hook?

HOOK

An das Grundstück der Reederei vormals Sheet. Mein Speicher ist durch einen Gang mit dem Hof der Reederei verbunden.

DER VERTEIDIGER

Ist Ihnen bekannt, Herr Hook, daß Herr Giri in der Reederei vormals Sheet wohnte und also Zutritt zum Reedereigelände hat?

HOOK

Ja, als Lagerverwalter.

Große Unruhe auf der Pressebank. Die Leibwächter machen »Buh, buh« und nehmen eine drohende Haltung gegen Hook, den Verteidiger und die Presse ein. Der junge Dogsborough eilt zum Richter und sagt ihm etwas ins Ohr.

DER RICHTER

Ruhe! Die Verhandlung ist wegen Unwohlseins des Angeklagten vertagt.

Dunkel. Die Orgel spielt wieder Chopins Trauermarsch als Tanzmusik.

c

Wenn es wieder hell wird, sitzt Hook im Zeugenstuhl. Er ist zusammengebrochen, hat einen Stock neben sich und Binden um den Kopf und über den Augen.

DER ANKLÄGER
Sehen Sie schlecht, Hook?

HOOK *mühsam*
Jawohl.

DER ANKLÄGER
Können Sie sagen, daß Sie imstand sind, jemand klar und deutlich zu erkennen?

HOOK
Nein.

DER ANKLÄGER
Erkennen Sie zum Beispiel diesen Mann dort?
Er zeigt auf Giri.

HOOK
Nein.

DER ANKLÄGER
Sie können nicht sagen, daß Sie ihn jemals gesehen haben?

HOOK
Nein.

DER ANKLÄGER
Nun eine sehr wichtige Frage, Hook. Überlegen Sie genau, bevor Sie sie beantworten. Die Frage lautet: Grenzt Ihr Speicher an das Grundstück der Reederei vormals Sheet?

HOOK *nach einer Pause*
Nein.

DER ANKLÄGER
Das ist alles.
Dunkel. Die Orgel spielt weiter.

d

Wenn es wieder hell wird, sitzt Dockdaisy im Zeugenstuhl.

DOCKDAISY *mit mechanischer Stimme*
Ich erkenne den Angeklagten sehr gut an seinem schuld-
bewußten Ausdruck und weil er einen Meter und siebzig
groß ist. Ich habe von meiner Schwägerin gehört, daß er an
dem Mittag, an dem mein Mann beim Betreten des Stadt-
hauses erschossen wurde, vor dem Stadthaus gesehen wurde.
Er hatte eine Maschinenpistole, Fabrikat Webster, unter
dem Arm und machte einen verdächtigen Eindruck.
Dunkel. Die Orgel spielt weiter.

e

*Wenn es wieder hell wird, sitzt Giuseppe Givola im Zeugen-
stuhl. Unweit steht der Leibwächter Greenwool.*

DER ANKLÄGER
Es ist hier behauptet worden, daß im Büro des Karfioltrusts
einige Leute Petroleumkannen hinausgetragen haben sollen,
bevor die Brandstiftung erfolgte. Was wissen Sie davon?
GIVOLA
Es kann sich nur um Greenwool handeln.
DER ANKLÄGER
Herr Greenwool ist Ihr Angestellter, Herr Givola?
GIVOLA
Jawohl.
DER ANKLÄGER
Was sind Sie von Beruf, Herr Givola?
GIVOLA
Blumenhändler.

DER ANKLÄGER

Ist das ein Geschäft, in dem ein ungewöhnlich großer Gebrauch von Petroleum gemacht wird?

GIVOLA *ernst*

Nein, nur gegen Blattläuse.

DER ANKLÄGER

Was machte Herr Greenwool im Büro des Karfioltrusts?

GIVOLA

Er trug ein Lied vor.

DER ANKLÄGER

Er kann also nicht gleichzeitig Petroleumkannen zum Speicher des Hook geschafft haben.

GIVOLA

Völlig unmöglich. Er ist charakterlich nicht der Mann, der Brandstiftungen begeht. Er ist Bariton.

DER ANKLÄGER

Ich stelle es dem Gericht anheim, den Zeugen Greenwool das schöne Lied singen zu lassen, das er im Büro des Karfioltrusts sang, während der Brand gelegt wurde.

DER RICHTER

Der Gerichtshof hält es nicht für nötig.

GIVOLA

Ich protestiere.
Er erhebt sich.
's ist unerhört, wie hier gehetzt wird. Jungens
Waschecht im Blut, nur in zu vielem Licht
Ein wenig schießend, werden hier behandelt
Als dunkle Existenzen. 's ist empörend.
Gelächter. Dunkel. Die Orgel spielt weiter.

f

Wenn es wieder hell wird, zeigt der Gerichtshof alle Anzeichen völliger Erschöpfung.

DER RICHTER

Die Presse hat Andeutungen darüber gebracht, daß der Gerichtshof von gewisser Seite einem Druck ausgesetzt sein könnte. Der Gerichtshof stellt fest, daß er von keiner Seite irgendeinem Druck ausgesetzt wurde und in völliger Freiheit amtiert. Ich denke, diese Erklärung genügt.

DER ANKLÄGER

Euer Ehren! Angesichts des verstockt eine Dementia simulierenden Angeklagten Fish hält die Anklage weitere Verhöre mit ihm für unmöglich. Wir beantragen also ...

DER VERTEIDIGER

Euer Ehren! Der Angeklagte kommt zu sich.
Unruhe.

FISH *scheint aufzuwachen*

Arlarlwarlassrlarlawassarl.

DER VERTEIDIGER

Wasser! Euer Ehren, ich beantrage das Verhör des Angeklagten Fish!
Große Unruhe.

DER ANKLÄGER

Ich protestiere! Keinerlei Anzeichen deuten darauf hin, daß der Fish bei klarem Verstand ist. Es ist alles Mache der Verteidigung, Sensationshascherei, Beeinflussung des Publikums!

FISH

Wassr.
Er wird gestützt vom Verteidiger und steht auf.

DER VERTEIDIGER

Können Sie antworten, Fish?

FISH

Jarl.

DER VERTEIDIGER

Fish, sagen Sie dem Gericht: haben Sie am 28. des vorigen Monats einen Gemüsespeicher an den Docks in Brand gesteckt, ja oder nein?

FISH

Neiwein.

DER VERTEIDIGER

Wann sind Sie nach Chicago gekommen, Fish?

FISH

Wasser.

DER VERTEIDIGER

Wasser!
*Unruhe. Der junge Dogsborough ist zum Richter getreten
und redet auf ihn ein.*

GIRI *steht breit auf und brüllt*

Mache! Lüge! Lüge!

DER VERTEIDIGER

Haben Sie diesen Mann – *er zeigt auf Giri* – früher gesehen?

FISH

Ja. Wasser.

DER VERTEIDIGER

Wo? War es in Dogsboroughs Restaurant an den Docks?

FISH *leise*

Ja.
*Große Unruhe. Die Leibwächter ziehen die Brownings und
buhen. Der Arzt kommt mit einem Glas gelaufen. Er flößt
den Inhalt Fish ein, bevor der Verteidiger ihm das Glas aus
der Hand nehmen kann.*

DER VERTEIDIGER

Ich protestiere! Ich verlange Untersuchung des Glases hier!

DER RICHTER *wechselt mit dem Ankläger Blicke*

Antrag abgelehnt.

DOCKDAISY *schreiend gegen Fish*

Mörder!

DER VERTEIDIGER

Euer Ehren!
Man will den Mund der Wahrheit, den mit Erd
Man nicht zustopfen kann, hier mit Papier
Zustopfen, einem Urteil Euer Ehren

Als hoffte man, ihr wäret Euer Schanden!
Man schreit hier der Justiz zu: Hände hoch!
Soll unsre Stadt, in einer Woch gealtert
Seit sie sich stöhnend dieser blutigen Brut
Nur weniger Ungetüme wehren muß
Jetzt auch noch die Justiz geschlachtet sehn?
Nicht nur geschlachtet, auch geschändet, weil
Sich der Gewalt hingebend? Euer Ehren
Brecht dies Verfahren ab!

DER ANKLÄGER

Protest! Protest!

GIRI

Du Hund! Du ganz bestochener Hund! Du Lügner!
Giftmischer selbst! Komm nur heraus von hier
Und ich reiß dir die Kutteln aus! Verbrecher!

DER VERTEIDIGER

Die ganze Stadt kennt diesen Mann.

GIRI *rasend*

Halt's Maul!

Da der Richter ihn unterbrechen will

Auch du! Auch du halt's Maul. Wenn dir dein Leben lieb ist!
*Da er nicht mehr Luft bekommt, gelingt es dem Richter, das
Wort zu ergreifen.*

DER RICHTER

Ich bitte um Ruhe! Der Verteidiger wird wegen Mißachtung
des Gerichts sich zu verantworten haben. Herrn Giris Em-
pörung ist dem Gericht sehr verständlich. *Zum Verteidiger:*
Fahren Sie fort.

DER VERTEIDIGER

Fish! Hat man Ihnen in Dogsboroughs Restaurant zu trinken gegeben? Fish! Fish!

FISH *schlaff den Kopf sinken lassend*

Arlarlarl.

DER VERTEIDIGER

Fish! Fish! Fish!

GIRI *brüllend*
Ja, ruf ihn nur! Der Pneu ist leider platt!
Wolln sehn, wer Herr ist hier in dieser Stadt.
Unter großer Unruhe wird es dunkel. Die Orgel spielt
weiter Chopins Trauermarsch als Tanzmusik.

g

Wenn es zum letztenmal hell wird, steht der Richter und
verkündet mit tonloser Stimme das Urteil. Der Angeklagte
Fish ist kalkweiß.

DER RICHTER
Charles Fish, wegen Brandstiftung verurteile ich Sie zu
fünfzehn Jahren Kerker.
Eine Schrift taucht auf.

10

Dogsboroughs Landhaus. Nacht gegen Morgen. Dogs-
borough schreibt sein Testament und Geständnis.

DOGSBOROUGH
So habe ich, der ehrliche Dogsborough
In alles eingewilligt, was dieser blutige Gang
Angezettelt und verübt, nachdem ich achtzig
Winter mit Anstand getragen hatt. O Welt!
Ich hör, die mich von früher kennen, sagen
Ich wüßt von nichts, und wenn ich's wüßt, ich würd
Es niemals dulden. Aber ich weiß alles.
Weiß, wer den Speicher Hooks anzündete.
Weiß, wer den armen Fish verschleppte und betäubte.

Weiß, daß der Roma bei dem Sheet war, als
Der blutig starb, im Rock das Schiffsbillett.
Weiß, daß der Giri diesen Bowl abschoß
An jenem Mittag vor dem Stadthaus, weil
Er zuviel wußt vom ehrlichen Dogsborough.
Weiß, daß er Hook erschlug, und sah ihn mit Hooks Hut.
Weiß von fünf Morden des Givola, die ich
Beiliegend anführ, und weiß alles vom Ui und daß
Der alles wußt, von Sheets und Bowls Tod bis zu
Den Morden des Givola und alles vom Brand.
Dies alles wußt ich, und dies alles hab ich
Geduldet, ich, euer ehrlicher Dogsborough, aus Gier
Nach Reichtum und aus Angst, ihr zweifelt an mir.

11

Mammoth-Hotel. Suite des Ui. Ui liegt in einem tiefen
Stuhl und stiert in die Luft. Givola schreibt etwas, und zwei
Leibwächter schauen ihm grinsend über die Schulter.

GIVOLA

So hinterlaß ich, Dogsborough, dem guten
Fleißigen Givola meine Kneipe, dem tapfern
Nur etwas hitzigen Giri hier mein Landhaus
Dem biedern Roma meinen Sohn. Ich bitt euch
Den Giri zum Richter zu machen und den Roma
Zum Polizeichef, meinen Givola aber
Zum Armenpfleger. Ich empfehl euch herzlich
Arturo Ui für meinen eigenen Posten.
Er ist seiner würdig. Glaubt das eurem alten
Ehrlichen Dogsborough! – Ich denk, das reicht.
Und hoff, er kratzt bald ab. – Dies Testament
Wird Wunder wirken. Seit man weiß, er stirbt
Und hoffen kann, den Alten halbwegs schicklich

In saubre Erd zu bringen, ist man fleißig
Beir Leichenwäscherei. Man braucht 'nen Grabstein
Mit hübscher Inschrift. Das Geschlecht der Raben
Lebt ja seit alters von dem guten Ruf
Des hochberühmten weißen Raben, den
Man irgendwann und irgendwo gesehn hat.
Der Alte ist nun mal ihr weißer Rabe
So sieht ihr weißer Rabe nun mal aus.
Der Giri, Chef, ist übrigens zuviel
Um ihn, für meinen Geschmack. Ich find's nicht gut.

UI *auffahrend*
Giri? Was ist mit Giri?

GIVOLA
      Ach, ich sage
Er ist ein wenig viel um Dogsborough.

UI
Ich trau ihm nicht.
Auftritt Giri, einen neuen Hut auf, Hooks.

GIVOLA
     Ich auch nicht! Lieber Giri
Wie steht's mit Dogsboroughs Schlagfluß?

GIRI
         Er verweigert
Dem Doktor Zutritt.

GIVOLA
     Unserm lieben Doktor
Der Fish so schön betreut hat?

GIRI
      Einen andern
Laß ich nicht ran. Der Alte quatscht zuviel.

UI
Vielleicht wird auch vor ihm zuviel gequatscht . . .

GIRI
Was heißt das? *Zu Givola:* Hast du Stinktier dich hier wieder
Mal ausgestunken?

GIVOLA *besorgt*

Lies das Testament

Mein lieber Giri!

GIRI *reißt es ihm heraus*

Was? Der Roma Polizeichef?

Seid ihr verrückt?

GIVOLA

Er fordert's. Ich bin auch

Dagegen, Giri. Unserm Roma kann man

Leider nicht übern Weg traun.

Auftritt Roma, gefolgt von Leibwächtern.

GIVOLA

Hallo, Roma!

Lies hier das Testament!

ROMA *reißt es Giri heraus*

Gib her! So, Giri

Wird Richter. Und wo ist der Wisch des Alten?

GIRI

Er hat ihn noch und sucht ihn rauszuschmuggeln.

Fünfmal schon hab ich seinen Sohn ertappt.

ROMA *streckt die Hand aus*

Gib in raus, Giri.

GIRI

Was? Ich hab ihn nicht.

ROMA

Du hast ihn, Hund.

Sie stehen sich rasend gegenüber.

ROMA

Ich weiß, was du da planst.

Die Sach mit Sheet drin geht mich an.

GIRI

's ist auch

Die Sach mit Bowl drin, die mich angeht!

81

ROMA

Sicher.

Aber ihr seid Schurken, und ich bin ein Mann.
Ich kenn dich, Giri, und dich, Givola, auch!
Dir glaub ich nicht einmal dein kurzes Bein.
Warum treff ich euch immer hier? Was plant ihr?
Was zischeln sie dir über mich ins Ohr, Arturo?
Geht nicht zu weit, ihr! Wenn ich etwas merk
Wisch ich euch alle aus wie blutige Flecken!

GIRI

Red du zu mir nicht wie zu Meuchelmördern!

ROMA *zu den Leibwächtern*

Da meint er euch! So redet man von euch jetzt
Im Hauptquartier! Als von den Meuchelmördern!
Sie sitzen mit den Herrn vom Karfioltrust –
auf Giri deutend
Das Seidenhemd kommt von Clarks Schneider –, ihr
Macht ihre schmutzige Arbeit – *zum Ui* – und du duldest's.

UI *wie aufwachend*

Was duld ich?

GIVOLA

Daß er Lastwagen von Caruther
Beschießen läßt! Caruther ist im Trust.

UI

Habt ihr Lastwagen Caruthers angeschossen?

ROMA

Das war nur eine eigenmächtige Handlung
Von ein paar Leuten von mir. Die Jungens können
Nicht immer verstehn, warum stets nur die kleinen
Verreckerläden schwitzen und bluten solln
Und nicht die protzigen Garagen auch.
Verdammt, ich selbst versteh's nicht immer, Arturo!

GIVOLA

Der Trust rast jedenfalls.

GIRI

     Clark sagte gestern
Sie warten nur, daß es noch einmal vorkommt.
Er war beim Dogsborough deshalb.

UI *mißgelaunt*

       Ernesto
So was darf nicht passieren.

GIRI

      Greif da durch, Chef!
Die Burschen wachsen dir sonst übern Kopf!

GIVOLA

Der Trust rast, Chef!

ROMA *zieht den Browning, zu den beiden*
     So, Hände hoch.

Zu ihren Leibwächtern

        Ihr auch!
Alle die Hände hoch und keine Späße!
Und an die Wand.

*Givola, seine Leute und Giri heben die Hände hoch und
treten lässig an die Wand zurück.*

UI *teilnahmslos*

    Was ist denn los? Ernesto
Mach sie mir nicht nervös! Was streitet ihr?
Ein Schuß auf einen Grünzeugwagen! So was
Kann doch geordnet werden. Alles sonst
Geht wie geschmiert und ist in bester Ordnung.
Der Brand war ein Erfolg! Die Läden zahlen.
Dreißig Prozent für etwas Schutz. In weniger
Als einer Woche wurde ein ganzer Stadtteil
Aufs Knie gezwungen. Keine Hand erhebt sich
Mehr gegen uns. Und ich hab weitere
und größre Pläne.

GIVOLA *schnell*

    Welche, möcht ich wissen!

GIRI

Scheiß auf die Pläne! Sorg, daß ich die Arme
Heruntertun kann!

ROMA

Sicherer, Arturo
Wir lassen ihre Arme droben!

GIVOLA

Es wird nett aussehn
Wenn Clark hereinkommt und wir stehn so da!

UI

Ernesto, steck den Browning weg!

ROMA

Nicht ich.
Wach auf, Arturo. Siehst du denn nicht, wie sie
Mit dir ihr Spiel treiben? Wie sie dich verschieben
An diese Clarks und Dogsboroughs: »Wenn Clark
Hereinkommt und uns sieht!« Wo sind die Gelder
Der Reederei? Wir sahen nichts davon.
Die Jungens knallen in die Läden, schleppen
Kannen nach Speichern, seufzend: Der Arturo
Kennt uns nicht mehr, die alles für ihn machten.
Er spielt den Reeder und den großen Herrn.
Wach auf, Arturo!

GIRI

Ja, und kotz dich aus
Und sag uns, wo du stehst.

UI *springt auf*

Heißt das, ihr setzt
Mir die Pistole auf die Brust? Nein, so
Erreicht man bei mir gar nichts. So nicht. Wird mir
Gedroht, dann hat man alles Weitere sich
Selbst zuzuschreib'n. Ich bin ein milder Mann.
Doch Drohungen vertrag ich nicht! Wer nicht
Mir blind vertraut, kann seines Wegs gehn. Und
Hier wird nicht abgerechnet. Bei mir heißt es:

84

Die Pflicht getan, und bis zum Äußersten!
Und ich sag, was verdient wird; denn Verdienen
Kommt nach dem Dienen! Was ich von euch fordre
Das ist Vertraun und noch einmal Vertraun!
Euch fehlt der Glaube! Und wenn dieser fehlt
Ist alles aus. Warum konnt ich das alles
Schaffen, was meint ihr? Weil ich den Glauben hatte!
Weil ich fanatisch glaubte an die Sache!
Und mit dem Glauben, nichts sonst als dem Glauben
Ging ich heran an diese Stadt und hab
Sie auf die Knie gezwungen. Mit dem Glauben kam ich
Zum Dogsborough, und mit dem Glauben trat ich
Ins Stadthaus ein. In nackten Händen nichts
Als meinen unerschütterlichen Glauben.

ROMA

                                  Und
Den Browning.

UI

            Nein. Den haben andere auch.
Doch was sie nicht haben, ist der feste Glaube
Daß sie zum Führer vorbestimmt sind. Und so müßt ihr
Auch an mich glauben! Glauben müßt ihr, glauben!
Daß ich das Beste will für euch und weiß
Was dieses Beste ist. Und damit auch
Den Weg ausfind, der uns zum Sieg führt. Sollte
Der Dogsborough abgehn, werd ich bestimmen
Wer hier was wird. Ich kann nur eines sagen:
Ihr werdet zufrieden sein.

GIVOLA *legt die Hand auf die Brust*

                      Arturo!

ROMA   Schwingt euch!
*Giri, Givola und die Leibwächter des Givola gehen, Hände
hoch, langsam hinaus.*

GIRI *im Abgehen zu Roma*
Dein Hut gefällt mir.

GIVOLA *im Abgehen*

Teurer Roma ...

ROMA

Ab!

Vergiß das Lachen nicht, Clown Giri, und
Dieb Givola, nimm deinen Klumpfuß mit
Wenn du auch den bestimmt gestohlen hast.
Wenn sie draußen sind, fällt Ui in sein Brüten zurück.

UI

Laß mich allein!

ROMA

Arturo, wenn ich nicht
Grad diesen Glauben hätt an dich, den du
Beschrieben hast, dann wüßt ich manchmal nicht
Wie meinen Leuten in die Augen blicken.
Wir müssen handeln! Und sofort! Der Giri
Plant Schweinereien!

UI

Ernesto! Ich plane neue
Und große Dinge jetzt. Vergiß den Giri!
Ernesto, dich als meinen ältesten Freund
Und treuen Leutnant will ich nunmehr einweihn
In meinen neuen Plan, der weit gediehn ist.

ROMA *strahlend*

Laß hören! Was ich dir zu sagen hab
Betreffs des Giri, kann auch warten.
Er setzt sich zu ihm. Seine Leute stehen wartend in der Ecke.

UI

Wir sind
Durch mit Chicago. Ich will mehr haben.

ROMA

Mehr?

UI

's gibt nicht nur hier Gemüsehandel.

ROMA

                              Nein.
Nur, wie woanders reinstiefeln?

UI

                         Durch die Fronttür.
Und durch die Hintertür. Und durch die Fenster.
Verwiesen und geholt, gerufen und verschrien.
Mit Drohn und Betteln, Werben und Beschimpfen.
Mit sanfter Gewalt und stählerner Umarmung.
Kurz, so wie hier.

ROMA

                    Nur: anderswo ist's anders.

UI

Ich denk an eine förmliche Generalprob
In einer kleinen Stadt. Dann wird sich zeigen
Ob's anderswo anders ist, was ich nicht glaub.

ROMA

Wo willst du die Generalprob steigen lassen?

UI

In Cicero.

ROMA

           Aber dort ist dieser Dullfeet
Mit seiner Zeitung für Gemüsehandel
Und innere Sammlung, der mich jeden Samstag
Sheets Mörder schimpft.

UI

Das müßt aufhörn.

ROMA   Es könnt.
So'n Zeitungsschreiber hat auch Feinde. Druckerschwärze
Macht manchen rot sehn. Mich zum Beispiel. Ja
Ich denk, das Schimpfen könnt aufhörn, Arturo.

UI

's müßt bald aufhören. Der Trust verhandelt schon
Mit Cicero. Wir wolln zunächst ganz friedlich
Karfiol verkaufen.

ROMA

Wer verhandelt?

UI

Clark.

Doch hat er Schwierigkeiten. Wegen uns.

ROMA

So. Also Clark ist auch drin. Diesem Clark
Trau ich nicht übern Weg.

UI

Man sagt in Cicero:
Wir folgen dem Karfioltrust wie sein Schatten.
Man will Karfiol. Doch will man nicht auch uns.
Den Läden graust vor uns und nicht nur ihnen:
Die Frau des Dullfeet führt in Cicero
Seit vielen Jahren ein Importgeschäft
Für Grünzeug und ging gern in den Karfioltrust.
Wenn wir nicht wären, wär sie wohl schon drin.

ROMA

So stammt der Plan, nach Cicero vorzustoßen
Gar nicht von dir? 's ist nur ein Plan des Trusts?
Arturo, jetzt versteh ich alles. Alles!
's ist klar, was da gespielt wird.

UI

Wo?

ROMA

Im Trust!
In Dogsboroughs Landhaus. Dogsboroughs Testament!
Das ist bestellt vom Trust! Sie wolln den Anschluß
Von Cicero. Du stehst im Weg. Wie aber
Dich abserviern? Du hast sie in der Hand:
Sie brauchten dich für ihre Schweinerein
Und duldeten dafür, was du getan hast.
Was mit dir tun? Nun, Dogsborough gesteht!
Der Alte kriecht mit Sack und Asche in die Kiste.
Drumrum steht der Karfiol und nimmt gerührt

88

Aus seinen Kluven dies Papier und liest's
Schluchzend der Presse vor: Wie er bereut
Und ihnen dringlich anbefiehlt, die Pest
Ihnen eingeschleppt von ihm – ja, er gesteht's –
Jetzt auszutilgen und zurückzukehren
Zum alten ehrlichen Karfiolgeschäft.
Das ist der Plan, Arturo. Drin sind alle:
Der Giri, der den Dogsborough Testamente
Schmiern läßt und mit dem Clark befreundet ist
Der Schwierigkeiten wegen uns in Cicero hat
Und keinen Schatten haben will beim Geldschaufeln.
Der Givola, der Aas wittert. – Dieser Dogsborough
Der alte ehrliche Dogsborough, der da
Verräterische Wische schmiert, die dich
Mit Dreck bewerfen, muß zuerst weg, sonst
Ist's Essig, du, mit deinem Ciceroplan!

UI

Du meinst, 's ist ein Komplott? 's ist wahr, sie ließen
Mich nicht an Cicero ran. Es fiel mir auf.

ROMA

Arturo, ich beschwör dich, laß mich diese
Sach ordnen! Hör mir zu: Ich spritze heut noch
Mit meinen Jungens nach Dogsboroughs Landhaus, hol
Den Alten raus, sag ihm, zur Klinik, und liefer
Ihn ab im Mausoleum. Fertig.

UI

                            Aber

Der Giri ist im Landhaus.

ROMA   Und er **kann**

Dort bleiben.
Sie sehen sich an.

ROMA

        's ist ein Aufwaschen.

UI

                     Givola?

ROMA

Besuch ich auf dem Rückweg. Und bestell
In seiner Blumenhandlung dicke Kränze
Für Dogsborough. Und für den lustigen Giri.
Ich zahl in bar.
Er zeigt auf seinen Browning.

UI

Ernesto, dieser Schandplan
Der Dogsboroughs und Clarks und Dullfeets, mich
Aus dem Geschäft in Cicero zu drängen
Indem man mich kalt zum Verbrecher stempelt
Muß hart vereitelt werden. Ich vertrau
Auf dich.

ROMA

Das kannst du. Nur, du mußt dabei sein
Bevor wir losgehn, und die Jungens aufpulvern
Daß sie die Sach im richtigen Licht sehn. Ich
Bin nicht gut im Reden.

UI *schüttelt ihm die Hand*

Einverstanden.

ROMA

Ich hab's gewußt, Arturo! So, nicht anders
Mußt die Entscheidung fallen. Was, wir beiden!
Wie, du und ich! 's ist wie in alten Zeiten!
Zu seinen Leuten
Arturo ist mit uns! Was hab ich euch gesagt?

UI

Ich komm.

ROMA

Um elf.

UI

Wohin?

ROMA

In die Garage.
Ich bin ein andrer Mann! 's wird wieder was gewagt.

Er geht schnell mit seinen Leuten ab. Ui, auf und ab gehend,
legt sich die Rede zurecht, die er Romas Leuten halten will.

UI

Freunde! Bedauerlicherweis ist mir
Zu Ohr gekommen, daß hinter meinem Rücken
Abscheulicher Verrat geplant wird. Leute
Aus meiner nächsten Nähe, denen ich
Zutiefst vertraute, haben sich vor kurzem
Zusammengerottet und, von Ehrgeiz toll
Habsüchtig und treulos von Natur, entschlossen
Im Bund mit den Karfiolherrn – nein, das geht nicht –
Im Bund – mit was? Ich hab's: der Polizei
Euch kalt abzuserviern. Ich hör, sogar
Mir will man an das Leben! Meine Langmut
Ist jetzt erschöpft. Ich ordne also an
Daß ihr, unter Ernesto Roma, welcher
Mein volles Vertrauen hat, heut nacht ...
Auftreten Clark, Giri und Betty Dullfeet.

GIRI *da Ui erschreckt aussieht*

Nur wir, Chef!

CLARK

Ui, treffen Sie Frau Dullfeet hier aus Cicero!
Es ist der Wunsch des Trusts, daß Sie Frau Dullfeet
Anhören und sich mit ihr einigen.

UI *finster*

Bitte.

CLARK

Bei den Fusionsverhandlungen, die zwischen
Chicagos Grünzeugtrust und Cicero schweben
Erhob, wie Ihnen ja bekannt ist, Cicero
Bedenken gegen Sie als Aktionär.
Dem Trust gelang es schließlich, diesen Einwand
Nun zu entkräften, und Frau Dullfeet kommt ...

FRAU DULLFEET

Das Mißverständnis aufzuklären. Auch

Für meinen Mann, Herrn Dullfeet, möchte ich
Betonen, daß sein Zeitungsfeldzug kürzlich
Nicht Ihnen galt, Herr Ui.

UI

Wem galt er dann?

CLARK

Nun schön, Ui, grad heraus: Der »Selbstmord« Sheets
Hat sehr verstimmt in Cicero. Der Mann
Was immer sonst er war, war doch ein Reeder
Ein Mann von Stand und nicht ein Irgendwer
Ein Nichts, das in das Nichts geht, wozu nichts
Zu sagen ist. Und noch was: Die Garage
Caruther klagt, daß einer ihrer Wägen
Beschädigt wurde. In die beiden Fälle
Ist einer Ihrer Leute, Ui, verwickelt.

FRAU DULLFEET

Ein Kind in Cicero weiß, der Karfiol
Des Trusts ist blutig.

UI

Das ist unverschämt.

FRAU DULLFEET

Nein, nein. 's ist nicht gegen Sie. Nachdem Herr Clark
Für Sie gebürgt hat, nicht mehr. 's ist nur dieser
Ernesto Roma.

CLARK *schnell*

Kalten Kopf, Ui!

GIRI

Cicero ...

UI

Das will ich nicht hören. Wofür hält man mich?
Schluß! Schluß! Ernesto Roma ist mein Mann.
Ich laß mir nicht vorschreiben, was für Männer
Ich um mich haben darf. Das ist ein Schimpf
Den ich nicht dulde.

GIRI   Chef!

FRAU DULLFEET

>   Ignatius Dullfeet
Wird gegen Menschen wie den Roma kämpfen
Noch mit dem letzten Atemzug.

CLARK *kalt*

>   Mit Recht.
Der Trust steht hinter ihm in dieser Sache.
Ui, seien Sie vernünftig. Freundschaft und
Geschäft sind zweierlei. Was ist es also?

UI *ebenfalls kalt*

Herr Clark, ich hab dem nichts hinzuzufügen.

CLARK

Frau Dullfeet, ich bedaure diesen Ausgang
Der Unterredung tief.
Im Hinausgehen zu Ui

>   Sehr unklug, Ui.
Ui und Giri, allein zurück, sehen sich nicht an.

GIRI

Das, nach dem Anschlag auf Caruthers Garage
Bedeutet Kampf. 's ist klar.

UI

>   Ich fürcht nicht Kampf.

GIRI

Schön, fürcht ihn nicht! Du wirst ja nur dem Trust
Der Presse, Dogsborough und seinem Anhang
Gegenüberstehen und der ganzen Stadt!
Chef, horch auf die Vernunft und laß dich nicht ...

UI

Ich brauche keinen Rat. Ich kenne meine Pflicht.
Eine Schrift taucht auf.

*Garage. Nacht. Man hört es regnen. Ernesto Roma und der
junge Inna. Im Hintergrund Gunleute.*

INNA
's ist ein Uhr.

ROMA
                    Er muß aufgehalten sein.

INNA
Wär's möglich, daß er zögerte?

ROMA
                                    's wär möglich.
Arturo hängt an seinen Leuten so
Daß er sich lieber selbst als sie aufopfert.
Selbst diese Ratten Givola und Giri
Kann er nicht abtun. Und dann trödelt er
Und kämpft mit sich, und es kann zwei Uhr werden
Vielleicht auch drei. Doch kommen tut er. Klar.
Ich kenn ihn, Inna.
Pause.
                    Wenn ich diesen Giri
Am Boden seh, wird mir so wohl sein, wie
Wenn ich Wasser abgeschlagen hab.
Nun, es wird bald sein.

INNA
                    Diese Regennächte
Zerrn an den Nerven.

ROMA
                    Darum mag ich sie.
Von den Nächten die schwärzesten.
Von den Autos die schnellsten. Und von
Den Freunden die entschlossensten.

INNA
                                    Wie viele Jahre
Kennst du ihn schon?

ROMA

An achtzehn.

INNA

Das ist lang.

EIN GUNMANN *nach vorn*

Die Jungens wollen was zum Trinken.

ROMA

Nichts.

Heut nacht brauch ich sie nüchtern.
Ein kleiner Mann wird von Leibwächtern hereingebracht.

DER KLEINE *atemlos*

Stunk im Anzug!

Zwei Panzerautos halten vorm Revier!
Gespickt mit Polizisten!

ROMA

Runter mit

Der Jalousie! 's hat nichts mit uns zu tun, doch
Vorsicht ist besser als Nachsehn.

Langsam schließt eine stählerne Jalousie das Garagentor.

ROMA

Ist der Gang frei?

INNA *nickt*

's ist merkwürdig mit Tabak. Wer raucht, sieht kaltblütig

aus.

Doch macht man, was einer macht, der kaltblütig ist
Und raucht man, wird man kaltblütig.

ROMA *lächelnd*

Streck die Hand aus!

INNA *tut es*

Sie zittert. Das ist schlecht.

ROMA

Ich find's nicht schlecht.

Von Bullen halt ich nichts. Sind unempfindlich.
Nichts tut ihnen weh, und sie tun niemand weh.
Nicht ernstlich. Zitter ruhig! Die stählerne Nadel

Im Kompaß zittert auch, bevor sie sich
Fest einstellt. Deine Hand will wissen, wo
Der Pol ist. Das ist alles.

RUF *von seitwärts*

Polizei-
Auto durch Churchstreet!

ROMA *scharf*

Kommt zum Stehn?

DIE STIMME

Geht weiter.

EIN GUNMANN *herein*
Zwei Wagen ums Eck mit abgeblendetem Licht!

ROMA
's ist gegen Arturo! Givola und Giri
Serviern ihn ab! Er läuft blind in die Falle!
Wir müssen ihm entgegen. Kommt!

EIN GUNMANN

's ist Selbstmord.

ROMA
Und wär es Selbstmord, dann ist's Zeit zum Selbstmord.
Mensch. Achtzehn Jahre Freundschaft!

INNA *mit heller Stimme*

Panzer hoch!

Habt ihr die Spritze fertig?

GUNMANN

Fertig.

INNA

Hoch!

*Die Panzerjalousie geht langsam hoch, herein kommen
schnellen Ganges Ui und Givola, von Leibwächtern gefolgt.*

ROMA
Arturo!

INNA *leise*

Ja, und Givola!

ROMA

Was ist los?

Wir schwitzten Blut um dich, Arturo. *Lacht laut.* Hölle!
's ist alles in Ordnung!

UI *heiser*

Warum nicht in Ordnung?

INNA

Wir dachten, 's wär was faul. Du kannst ihm ruhig
Die Hand schütteln, Chef. Er wollte uns soeben
Ins Feuer für dich schleppen. War's nicht so?

UI

*geht auf Roma zu und streckt ihm die Hand hin. Roma
ergreift sie lachend. In diesem Augenblick, wo er nicht nach
seinem Browning greifen kann, schießt ihn Givola blitz-
schnell von der Hüfte aus nieder.*

UI

Treibt sie ins Eck.
*Die Männer des Roma stehen fassungslos und werden, Inna
an der Spitze, in die Ecke getrieben. Givola beugt sich zu
Roma herab, der auf dem Boden liegt.*

GIVOLA

Er schnauft noch.

UI

Macht ihn fertig.
Zu denen an der Wand
Euer schändlicher Anschlag auf mich ist enthüllt.
Auch eure Pläne gegen Dogsborough
Sind aufgedeckt. Ich kam euch da zuvor
In zwölfter Stunde. Widerstand ist zwecklos.
Ich werd euch lehren, gegen mich aufzumucken!
Ein nettes Nest!

GIVOLA

Kein einziger unbewaffnet!
Von Roma: Er kommt noch einmal zu sich, er hat Pech.

UI

Ich bin in Dogsboroughs Landhaus heute nacht.
Er geht schnell hinaus.

INNA *an der Wand*

Ihr schmutzigen Ratten! Ihr Verräter!

GIVOLA *aufgeregt*

                              Schießt!

*Die an der Wand Stehenden werden mit dem Maschinen-
gewehr niedergemäht.*

ROMA *kommt zu sich*

Givola! Hölle!

Dreht sich schwer, sein Gesicht ist kalkweiß.

                    Was ging h i e r vor?

GIVOLA

                                        Nichts.

Ein paar Verräter sind gerichtet.

ROMA

                              Hund.

Was hast du gemacht mit meinen Leuten?

Givola antwortet nicht.

Was mit Arturo? Mord! Ich wußte es! Hunde!

Ihn auf dem Boden suchend.

Wo ist er?

GIVOLA

          Weggegangen.

ROMA *während er an die Wand geschleppt wird*

                    Hunde! Hunde!

GIVOLA *kühl*

Mein Bein ist kurz, wie? So ist's dein Verstand!

Jetzt geh mit guten Beinen an die Wand!

Eine Schrift taucht auf.

13

Der Blumenladen des Givola. Herein Ignatius Dullfeet,
ein Mann, nicht größer als ein Knabe, und Betty Dullfeet.

DULLFEET
Ich tu's nicht gern.
BETTY
                    Warum nicht? Dieser Roma
Ist weg.
DULLFEET
        Durch Mord.
BETTY
                    Wie immer. Er ist weg!
Clark sagt vom Ui, die stürmischen Flegeljahre
Welche die besten durchgehn, sind beendet.
Ui hat gezeigt, daß er den rauhen Ton
Jetzt lassen will. Ein fortgeführter Angriff
Würd nur die schlechteren Instinkte wieder
Aufwecken, und du selbst, Ignatius, kämst
Als erster in Gefahr. Doch schweigst du nun
Verschonen sie dich.
DULLFEET
                    Ob mir Schweigen hilft
Ist nicht gewiß.
BETTY
                    Es hilft. Sie sind nicht Tiere.
Von seitwärts kommt Giri, den Hut Romas auf.
GIRI
Hallo, seid ihr schon da? Der Chef ist drin.
Er wird entzückt sein. Leider muß ich weg.
Und schnell. Bevor ich hier gesehen werd:
Ich hab dem Givola einen Hut gestohlen.
Er lacht, daß die Stukkatur vom Plafond fällt, und geht
winkend hinaus.

DULLFEET

Schlimm, wenn sie grollen, schlimmer, wenn sie lachen.

BETTY

Spricht nicht, Ignatius! Nicht hier!

DULLFEET *bitter*

                              Und auch

Nicht anderswo.

BETTY

                Was willst du machen? Schon
Spricht Cicero davon, daß Ui die Stellung
Des toten Dogsborough bekommen wird.
Und, schlimmer noch, die Grünzeughändler schwanken
Zum Karfioltrust.

DULLFEET

              Und zwei Druckerei-
Maschinen sind mir schon zertrümmert. Frau
Ich hab ein schlechtes Vorgefühl.
Herein Givola und Ui mit ausgestreckten Händen.

BETTY

                        Hallo, Ui.

UI

Willkommen, Dullfeet!

DULLFEET

                   Grad heraus, Herr Ui
Ich zögerte zu kommen, weil ...

UI

                  Wieso?
Ein tapferer Mann ist überall willkommen.

GIVOLA

Und so ist's eine schöne Frau!

DULLFEET

                Herr Ui
Ich fühlte es mitunter meine Pflicht
Mich gegen Sie und ...

UI

Mißverständnisse!
Hätten Sie und ich von Anfang uns gekannt
Wär's nicht dazu gekommen. Daß im Guten
All das erreicht werden soll, was nun einmal
Erreicht werden muß, war stets mein Wunsch.

DULLFEET

Gewalt ...

UI

... verabscheut keiner mehr als ich. Sie wär
Nicht nötig, wenn der Mensch Vernunft besäße.

DULLFEET

Mein Ziel ...

UI

... ist ganz das nämliche wie meins.
Wir beide wünschen, daß der Handel blüht.
Der kleine Ladenbesitzer, dessen Los
Nicht grade glänzend ist in diesen Zeiten
Soll sein Gemüse ruhig verkaufen können.
Und Schutz finden, wenn er angegriffen wird.

DULLFEET *fest*

Und frei entscheiden können, ob er Schutz will.
Herr Ui, das ist mein Hauptpunkt.

UI

Und auch meiner.
Er m u ß frei wählen. Und warum? Weil nur
Wenn er den Schützer frei wählt und damit
Auch die Verantwortung an einen abgibt
Den er selbst wählte, das Vertrauen herrscht
Das für den Grünzeughandel ebenso nötig ist
Wie überall sonst. Ich hab das stets betont.

DULLFEET

Ich freu mich, das aus Ihrem Mund zu hören.
Auf die Gefahr, Sie zu verletzen: Cicero
Ertrüge niemals Zwang.

UI

Das ist verständlich.
Niemand verträgt Zwang ohne Not.

DULLFEET

Ganz offen:
Wenn die Fusion mit dem Karfioltrust je
Bedeuten würd, daß damit dieser ganze
Blutige Rattenkönig eingeschleppt wird, der
Chicago peinigt, könnt ich ihn nie gutheißen.
Pause.

UI

Herr Dullfeet! Offenheit gegen Offenheit.
Es mag in der Vergangenheit da manches
Passiert sein, was nicht grad dem allerstrengsten
Moralischen Maßstab standhielt. So was kommt
Im Kampf mitunter vor. Doch unter Freunden
Kommt so was eben nicht vor. Dullfeet, was ich
Von Ihnen will, ist nur, daß Sie in Zukunft
Zu mir Vertrauen haben, mich als Freund sehn
Der seinen Freund nirgends und nie im Stich läßt.
Und daß Sie, um Genaueres zu erwähnen
In Ihrer Zeitung diese Greuelmärchen
Die nur bös Blut machen, hinfort nicht mehr drucken.
Ich denk, das ist nicht viel.

DULLFEET

Herr Ui, es ist
Nicht schwer, zu schweigen über das, was nicht
Passiert.

UI

Das hoff ich. Und wenn hin und wieder
Ein kleiner Zwischenfall vorkommen sollte
Weil Menschen nur Menschen sind und keine Engel
Dann hoff' ich, 's heißt nicht wieder gleich, die Leute
Schießen in der Luft herum und sind Verbrecher.
Ich will auch nicht behaupten, daß es nicht

Vorkommen könnt, daß einer unserer Fahrer
Einmal ein rauhes Wort sagt. Das ist menschlich.
Und wenn der oder jener Grünzeughändler
Dem einen oder anderen unserer Leute
Ein Bier bezahlt, damit er treu und pünktlich
Den Kohl anfährt, darf's auch nicht gleich wieder heißen:
Da wird was Unbilliges verlangt.

BETTY

                         Herr Ui

Mein Mann ist menschlich.

GIVOLA

                     Und als so bekannt.

Und da nun alles friedlich durchgesprochen
Und ganz geklärt ist, unter Freunden, möcht ich
Zu gerne Ihnen meine Blumen zeigen . . .

UI

Nach Ihnen, Dullfeet.
*Sie gehen, den Blumenladen Givolas zu besichtigen. Ui
führt Betty, Givola Dullfeet. Sie verschwinden im Folgen-
den immer wieder hinter den Blumenarrangements. Auftauchen Givola und Dullfeet.*

GIVOLA

Dies, teurer Dullfeet, sind japanische Eichen.

DULLFEET

Ich seh, sie blühn an kleinen runden Teichen.

GIVOLA

Mit blauen Karpfen, schnappend nach den Krumen.

DULLFEET

's heißt, böse Menschen lieben keine Blumen.
Sie verschwinden. Auftauchen Betty und Ui.

BETTY

Der starke Mann ist stärker ohne Gewalt.

UI

Der Mensch versteht einen Grund nur, wenn er knallt.

BETTY

Ein gutes Argument wirkt wundervoll.

UI

Nur nicht auf den, der etwas hergeben soll.

BETTY

Mit Browning und mit Zwang, mit Trug und Trick ...

UI

Ich bin ein Mann der Realpolitik.
Sie verschwinden. Auftauchen Givola und Dullfeet.

DULLFEET

Die Blumen kennen keine bösen Triebe.

GIVOLA

Das ist es ja, warum ich Blumen liebe .

DULLFEET

Sie leben still vom Heute in das Morgen.

GIVOLA *schelmisch*

Kein Ärger. Keine Zeitung – keine Sorgen.
Sie verschwinden. Auftauchen Betty und Ui.

BETTY

Man sagt, Herr Ui, Sie leben so spartanisch.

UI

Mein Abscheu vor Tabak und Sprit ist panisch.

BETTY

Vielleicht sind Sie ein Heiliger am End?

UI

Ich bin ein Mann, der keine Lüste kennt.
Sie verschwinden. Auftauchen Givola und Dullfeet.

DULLFEET

's ist schön, so unter Blumen hinzuleben.

GIVOLA

's wär schön! Nur gibt's noch anderes daneben.
Sie verschwinden. Auftauchen Betty und Ui.

BETTY

Herr Ui, wie halten Sie's mit der Religion?

UI

Ich bin ein Christ. Das muß genügen.

BETTY

Schon.
Jedoch die zehn Gebot', woran wir hängen ...?

UI

Solln sich nicht in den rauhen Alltag mengen!

BETTY

Verzeihen Sie, wenn ich Sie weiter plage:
Wie steht's, Herr Ui, mit der sozialen Frage?

UI

Ich bin sozial, was man draus sehen kann:
Ich zieh mitunter auch die Reichen an.
Sie verschwinden. Auftauchen Givola und Dullfeet.

DULLFEET

Auch Blumen haben ja Erlebnisse.

GIVOLA

Und ob! Begräbnisse! Begräbnisse!

DULLFEET

Oh, ich vergaß, die Blumen sind Ihr Brot.

GIVOLA

Ganz recht. Mein bester Kunde ist der Tod.

DULLFEET

Ich hoff, Sie sind auf ihn nicht angewiesen.

GIVOLA

Nicht bei den Leuten, die sich warnen ließen.

DULLFEET

Herr Givola, Gewalt führt nie zum Ruhme.

GIVOLA

Jedoch zum Ziel. Wir sprechen durch die Blume.

DULLFEET

Gewiß.

GIVOLA

Sie sehn so blaß aus.

DULLFEET

's ist die Luft.

GIVOLA

Freund, Sie vertragen nicht den Blumenduft.
Sie verschwinden. Auftauchen Betty und Ui.

BETTY

Ich bin so froh, daß ihr euch nun versteht.

UI

Wenn man erst einmal weiß, worum es geht ...

BETTY

Freundschaften, die in Wind und Wetter reifen ...

UI *legt ihr die Hand auf die Schulter*

Ich liebe Frauen, welche schnell begreifen.
*Auftauchen Givola und Dullfeet, der kalkweiß ist. Er sieht
die Hand auf der Schulter seiner Frau.*

DULLFEET

Betty, wir gehn.

UI *auf ihn zu, streckt ihm die Hand hin*

Herr Dullfeet, Ihr Entschluß
Ehrt Sie. Er wird zum Wohle Ciceros dienen.
Daß solche Männer, wie wir beide, sich
Gefunden haben, kann nur günstig sein.

GIVOLA *gibt Betty Blumen*

Schönheit der Schönheit!

BETTY

Sieh die Pracht, Ignatius!
Ich bin so froh. Auf bald, Herr Ui!
Sie gehen.

GIVOLA

Das kann
Jetzt endlich klappen.

UI

Mir mißfällt der Mann.
Eine Schrift taucht auf.

106

14

Hinter einem Sarg, der unter Glockengeläute in das Mauso-
leum von Cicero getragen wird, schreiten Betty Dullfeet in
Witwenkleidung, Clark, Ui, Giri und Givola, die letzteren
große Kränze in den Händen. Ui, Giri und Givola bleiben,
nachdem sie ihre Kränze abgegeben haben, vor dem Mauso-
leum zurück. Von dort hört man die Stimme des Pastors.

STIMME
     So kommt der sterbliche Rest Ignatius Dullfeets
     Zur Ruhe hier. Ein Leben, arm an Gewinst,
     Doch reich an Müh, ist um. Viel Müh ist um
     Mit diesem Leben, Müh, gespendet nicht
     Für den, der sie gespendet und der nun
     Gegangen ist. Am Rock Ignatius Dullfeets
     Wird an der Himmelspfort der Pförtnerengel
     Die Hand auf eine abgewetzte Stell
     Der Schulter legen und sagen: Dieser Mann
     Trug manchen Mannes Last. Im Rat der Stadt
     Wird bei den Sitzungen der nächsten Zeit
     Oft eine kleine Stille sein, wenn alle
     Gesprochen haben. Man wird warten, daß
     Ignatius Dullfeet nunmehr spricht. So sehr
     Sind seine Mitbürger gewohnt, auf ihn
     Zu hören. 's ist, als ob der Stadt Gewissen
     Gestorben wär. Denn von uns schied ein Mensch
     Uns sehr zur Unzeit, der den graden Weg
     Blind gehen konnt, das Recht auswendig wußt.
     Der körperlich kleine, geistig große Mann
     Schuf sich in seiner Zeitung eine Kanzel
     Von der aus seine klare Stimme über
     Die Stadtgrenze weit hinaus vernehmlich war.
     Ignatius Dullfeet, ruh in Frieden! Amen.

GIVOLA

Ein Mann mit Takt! Nichts von der Todesart.

GIRI *den Hut Dullfeets auf*

Ein Mann mit Takt? Ein Mann mit sieben Kindern!
Aus dem Mausoleum kommen Clark und Mulberry.

CLARK

Verdammt! Steht ihr hier Wache, daß die Wahrheit
Auch nicht am Sarg zu Wort komm?

GIVOLA

Teurer Clark
Warum so barsch? Der Ort, an dem Sie stehen
Sollt Sie besänftigen. Und der Chef ist heute
Nicht bei Humor. Das ist kein Ort für ihn.

MULBERRY

Ihr Schlächter! Dieser Dullfeet hielt sein Wort
Und schwieg zu allem!

GIVOLA

Schweigen ist nicht genug.
Wir brauchen Leute hier, nicht nur bereit
Für uns zu schweigen, sondern auch für uns
Zu reden, und das laut!

MULBERRY

Was konnt er reden
Als daß ihr Schlächter seid!

GIVOLA

Er mußte weg.
Denn dieser kleine Dullfeet war die Pore
Durch die dem Grünzeughandel immer mal wieder
Der Angstschweiß ausbrach. 's war nicht zu ertragen
Wie es nach Angstschweiß stank!

GIRI

Und euer Karfiol?
Soll er nach Cicero oder soll er nicht hin?

MULBERRY

Durch Schlächtereien nicht!

GIRI

Und wodurch dann?
Wer frißt am Kalb mit, das wir schlachten, he?
Das hab ich gern: Nach Fleisch schrein und den Koch
Beschimpfen, weil er mit dem Messer läuft!
Von euch erwarten wir Schmatzen und nicht Schimpfen!
Und jetzt geht heim!

MULBERRY

Das war ein schwarzer Tag
Wo du uns diese brachtest, Clark!

CLARK

Wem sagst du's?
Die beiden gehen düster ab.

GIRI

Chef, laß dir von dem Pack nicht am Begräbnis
Den Spaß versalzen!

GIVOLA

Ruhe! Betty kommt!
*Aus dem Mausoleum kommt Betty Dullfeet, gestützt auf
eine Frau. Ui tritt ihr entgegen. Aus dem Mausoleum Orgel-
musik.*

UI

Frau Dullfeet, meine Kondolation!
Sie geht wortlos an ihm vorbei.

GIRI *brüllt*

Halt! Sie!
*Sie bleibt stehen und wendet sich um. Man sieht, sie ist
kalkweiß.*

UI

Ich sagte: Meine Kondolation, Frau Dullfeet!
Dullfeet, Gott hab ihn selig, ist nicht mehr.
Doch Ihr Karfiol ist noch vorhanden. Möglich
Sie sehn ihn nicht, der Blick ist noch getrübt
Von Tränen, doch der tragische Vorfall sollte
Sie nicht vergessen machen, daß da Schüsse

Meuchlings aus feigem Hinterhalt gefeuert
Auf friedliche Gemüsewagen knallen.
Petroleum, von ruchloser Hand gegossen
Verdirbt Gemüse, das gebraucht wird. Hier
Steh ich und stehen meine Leute und
Versprechen Schutz. Was ist die Antwort?

BETTY *blickt zum Himmel*

                              Das
Und Dullfeet ist noch Asche nicht!

UI

                         Ich kann
Den Vorfall nur beklagen und beteuern:
Der Mann, gefällt von ruchloser Hand, er war
Mein Freund.

BETTY

                  So ist's. Die Hand, die ihn gefällt, war
Die gleiche Hand, die nach der seinen griff.
Die Ihre!

UI

            Das ist wieder dies Gerede
Dies üble Hetzen und Gerüchtverbreiten
Das meine besten Vorsätz, mit dem Nachbarn
In Frieden auszukommen, in der Wurzel
Vergiftet! Dies Mich-nicht-verstehen-Wollen!
Dies mangelnde Vertraun, wo ich vertraue!
Dies Meine-Werbung-boshaft-Drohung-Nennen!
Dies Eine-Hand-Wegschlagen, die ich ausstreck!

BETTY
Die Sie ausstrecken, um zu fällen!

UI

                              Nein!
Ich werde angespuckt, wo ich fanatisch werbe!

BETTY
Sie werben wie die Schlange um den Vogel!

UI

Da hört ihr's! So wird mir begegnet! So
Hielt ja auch dieser Dullfeet mein beherztes
Und warmes Freundschaftsangebot nur für Berechnung
Und meine Großmut nur für Schwäche! Leider!
Auf meine freundlichen Worte erntete ich – was?
Ein kaltes Schweigen! Schweigen war die Antwort
Wenn ich auf freudiges Einverständnis hoffte.
Und wie hab ich gehofft, auf meine ständigen
Fast schon erniedrigenden Bitten um Freundschaft
Oder auch nur um billiges Verständnis
Ein Zeichen menschlicher Wärme zu entdecken!
Ich hoffte da umsonst! Nur grimme Verachtung
Schlug mir entgegen! Selbst dies Schweigeversprechen
Das man mir mürrisch gab, weiß Gott nicht gern
Bricht man beim ersten Anlaß! Wo zum Beispiel
Ist jetzt dies inbrünstig versprochene Schweigen?
Hinausposaunt in alle Richtungen werden
Jetzt wieder Greuelmärchen! Doch ich warne.
Treibt's nicht zu weit, vertrauend nur auf meine
Sprichwörtliche Geduld!

BETTY

Mir fehlen Worte.

UI

Die fehlen immer, wenn das Herz nicht spricht.

BETTY

So nennen Sie das Herz, was Sie beredt macht?

UI

Ich spreche, wie ich fühle.

BETTY

Kann man fühlen
So wie Sie sprechen? Ja, ich glaub's! Ich glaub's!
Ihr Morden kommt von Herzen! Ihr Verbrechen
Ist tiefgefühlt wie andrer Menschen Wohltat!
Sie glauben an Verrat wie wir an Treue!

Unwandelbar sind Sie für Wankelmut!
Durch keine edle Wallung zu bestechen!
Beseelt für Lüge! Ehrlich für Betrug!
Die tierische Tat entflammt Sie! Es begeistert
Sie, Blut zu sehn! Gewalt? Sie atmen auf!
Vor jeder schmutzigen Handlung stehen Sie
Gerührt zu Tränen. Und vor jeder guten
Zutiefst bewegt von Rachsucht und von Haß!

UI

Frau Dullfeet, es ist mein Prinzip, den Gegner
Ruhig anzuhören. Selbst, wo er mich schmäht.
Ich weiß, in Ihren Kreisen bringt man mir
Nicht eben Liebe entgegen. Meine Herkunft –
Ich bin ein einfacher Sohn der Bronx – wird gegen mich
Ins Feld geführt! »Der Mann«, sagt man, »kann nicht
einmal
Die richtige Gabel wählen zum Dessert.
Wie will er da bestehn im großen Geschäft!
Vielleicht, er greift, wenn von Tarif die Red ist
Oder ähnlichen finanziellen Dingen, welche
Da ausgehandelt werden, fälschlich noch zum Messer!
Nein, das geht nicht. Wir können den Mann nicht brauchen.«
Aus meinem rauhen Ton, meiner männlichen Art
Das Ding beim rechten Namen zu nennen, wird
Mir gleich der Strick gedreht. So hab ich denn
Das Vorurteil gegen mich und seh mich so
Gestellt nur auf die eventuellen nackten
Verdienste, die ich mir erwerb. Frau Dullfeet
Sie sind im Karfiolgeschäft. Ich auch.
Das ist die Brücke zwischen mir und Ihnen.

BETTY

Die Brücke! Und der Abgrund zwischen uns
Der überbrückt sein soll, ist nur ein blutiger Mord!

UI

Sehr bittere Erfahrung lehrt mich, nicht

Als Mensch zum Menschen hier zu sprechen, sondern
Als Mann von Einfluß zur Besitzerin
Dieses Importgeschäftes. Und ich frage:
Wie steht's ums Karfiolgeschäft? Das Leben
Geht weiter, auch wenn uns ein Unglück zustößt.

BETTY

Ja, es geht weiter, und – ich will es nützen
Der Welt zu sagen, welche Pest sie anfiel!
Ich schwör's dem Toten, daß ich meine Stimme
In Zukunft hassen will, wenn sie »Guten Morgen«
Oder »Gebt mir Essen« sagt und nicht nur eines:
»Vertilgt den Ui!«

GIRI *drohend*

Werd nicht zu laut, mein Kind!

UI

Wir stehen zwischen Gräbern. Mildere Gefühle
Wärn da verfrüht. So red ich vom Geschäft
Das keine Toten kennt.

BETTY

Oh, Dullfeet, Dullfeet!
Nun weiß ich erst, du bist nicht mehr!

UI

So ist's.
Bedenken Sie, daß Dullfeet nicht mehr ist.
Und damit fehlt in Cicero die Stimme
Die sich gegen Untat, Terror und Gewalt
Erheben würd. Sie können den Verlust
Nicht tief genug bedauern! Schutzlos stehn Sie
In einer kalten Welt, wo leider Gottes
Der Schwache stets geliefert ist! Der einzige
Und letzte Schutz, der Ihnen bleibt, bin ich.

BETTY

Das sagen Sie der Witwe jenes Manns
Den Sie gemordet haben? Ungetüm!
Ich wußte, daß Sie herkämen, weil Sie

Noch immer an der Stätte Ihrer Untat
Erschienen sind, um andre zu beschuldigen.
»Nicht ich, der andre!« und »Ich weiß von nichts!«
»Ich bin geschädigt!« schreit der Schaden, und
»Ein Mord! Den müßt ihr rächen!« schreit der Mord.

UI

Mein Plan ist eisern! Schutz für Cicero.

BETTY *schwach*

Er wird nie glücken!

UI

           Bald! So oder so.

BETTY

Gott schütz uns vor dem Schützer!

UI

               Also wie

Ist Ihre Antwort?
Er streckt ihr die Hand hin.
           Freundschaft?

BETTY

              Nie! Nie! Nie!

Sie läuft schaudernd weg.
Eine Schrift taucht auf.

15

Schlafzimmer des Ui im Mammoth-Hotel. Ui wälzt sich in
schweren Träumen auf seinem Bett. Auf Stühlen, die Revol-
ver im Schoß, seine Leibwächter.

UI *im Schlaf*

Weg, blutige Schatten! Habt Erbarmen! Weg!
Die Wand hinter ihm wird durchsichtig. Es erscheint der
Geist Ernesto Romas, in der Stirn ein Schußloch.

ROMA

Und all dies wird dir doch nichts nützen. All dies
Gemetzel, Meucheln, Drohn und Speichelspritzen
Ist ganz umsonst, Arturo. Denn die Wurzel
Deiner Verbrechen ist faul. Sie werden nicht aufblühn.
Verrat ist schlechter Dünger. Schlachte, lüg!
Betrüg die Clarks und schlacht die Dullfeets hin –
Doch vor den Eigenen mach halt! Verschwör dich
Gen eine Welt, doch schone die Verschworenen!
Stampf alles nieder mit den Füßen, doch
Stampf nicht die Füße nieder, du Unseliger!
Lüg allen ins Gesicht, nur das Gesicht
Im Spiegel hoff nicht auch noch zu belügen!
Du schlugst dich selbst, als du mich schlugst, Arturo.
Ich war dir zugetan, da warst du nicht
Mehr als ein Schatten noch auf einem Bierhausflur.
Nun stehe ich in zugiger Ewigkeit
Und du gehst mit den großen Herrn zu Tisch.
Verrat bracht dich hinauf, so wird Verrat
Dich auch hinunterbringen. Wie du mich verrietst
Den Freund und Leutnant, so verrätst du alle.
Und so, Arturo, werden alle dich
Verraten noch. Die grüne Erde deckt
Ernesto Roma, deine Untreu nicht.
Die schaukelt über Gräbern sich im Wind
Gut sichtbar allen, selbst den Totengräbern.
Der Tag wird kommen, wo sich alle, die
Du niederschlugst, aufrichten, aufstehn alle
Die du noch niederschlagen wirst, Arturo
Und gegen dich antreten, eine Welt
Blutend, doch haßvoll, daß du stehst und dich
Nach Hilf umschaust. Denn wiss': so stand ich auch.
Dann droh und bettel, fluche und versprich!
Es wird dich keiner hören! Keiner hörte mich.

UI *auffahrend*

Schießt! Dort! Verräter! Weiche! Fürchterlicher!

*Die Leibwächter schießen nach der Stelle an der Wand, auf
die Ui zeigt.*

ROMA *verblassend*

Schießt nur! Was von mir blieb, ist kugelsicher.

16

*City. Versammlung der Grünzeughändler von Chicago.
Sie sind kalkweiß.*

ERSTER GRÜNZEUGHÄNDLER

Mord! Schlächterei! Erpressung! Willkür! Raub!

ZWEITER GRÜNZEUGHÄNDLER

Und Schlimmres: Duldung! Unterwerfung! Feigheit!

DRITTER GRÜNZEUGHÄNDLER

Was Duldung! Als die ersten zwei im Januar
In meinen Laden traten: Hände hoch!
Sah ich sie kalt von oben bis unten an
Und sagte ruhig: Meine Herrn, ich weiche
Nur der Gewalt! Ich ließ sie deutlich merken
Daß ich mit ihnen nichts zu schaffen hatte
Und ihr Benehmen keineswegs billigte.
Ich war zu ihnen eisig. Schon mein Blick
Sagt' ihnen: Schön, hier ist die Ladenkasse,
Doch nur des Brownings wegen!

VIERTER GRÜNZEUGHÄNDLER

                            Richtig! Ich
Wasch meine Händ in Unschuld! Unbedingt.
Sagt ich zu meiner Frau.

ERSTER GRÜNZEUGHÄNDLER *heftig*

                            Was heißt da Feigheit?

Es war gesundes Denken. Wenn man stillhielt
Und knirschend zahlte, konnte man erwarten
Daß diese Unmenschen mit den Schießereien
Aufhören würden. Aber nichts davon.
Mord! Schlächterei! Erpressung! Willkür! Raub!

ZWEITER GRÜNZEUGHÄNDLER
Möglich ist so was nur mit uns. Kein Rückgrat!

FÜNFTER GRÜNZEUGHÄNDLER
Sag lieber: Kein Browning! Ich verkauf Karfiol
Und bin kein Gangster.

DRITTER GRÜNZEUGHÄNDLER
                              Meine einzige Hoffnung
Ist, daß der Hund einmal auf solche trifft
Die ihm die Zähne zeigen. Laß ihn erst
Einmal woanders dieses Spiel probieren!

VIERTER GRÜNZEUGHÄNDLER
Zum Beispiel in Cicero!
Auftreten der Grünzeughändler von Cicero. Sie sind kalk-
weiß.

DIE CICEROER
                              Hallo, Chicago!

DIE CHICAGOER
Hallo, Cicero! Und was wollt i h r hier?

DIE CICEROER
                                        Wir
Sind herbestellt.

DIE CHICAGOER
            Von wem?

DIE CICEROER
                  Von ihm.

ERSTER CHICAGOER
                              Wie kann er
Euch herbestellen? Wie euch etwas vorschreiben?
Wie kommandiern in Cicero?

ERSTER CICEROER

Mit dem Browning.

ZWEITER CICEROER

Wir weichen der Gewalt.

ERSTER CHICAGOER

Verdammte Feigheit!
Seid ihr keine Männer? Gibt's in Cicero
Keine Richter?

ERSTER CICEROER

Nein.

DRITTER CICEROER

Nicht mehr.

DRITTER GRÜNZEUGHÄNDLER

Hört ihr, ihr müßt
Euch wehren, Leute! Diese schwarze Pest
Muß aufgehalten werden! Soll das Land
Von dieser Seuche aufgefressen werden?

ERSTER CHICAGOER

Zuerst die eine Stadt und dann die andre!
Ihr seid dem Land den Kampf aufs Messer schuldig!

ZWEITER CICEROER

Wieso grad wir? Wir waschen unsere Hände
In Unschuld.

VIERTER CHICAGOER

Und wir hoffen, daß der Hund
Gott geb's, doch einmal noch auf solche trifft
Die ihm die Zähne zeigen.

*Auftreten unter Fanfarenstößen Arturo Ui und Betty Dull-
feet (in Trauer), gefolgt von Clark, Giri, Givola, und Leibwächtern. Ui schreitet zwischen ihnen hindurch. Die Leibwächter nehmen im Hintergrund Stellung.*

GIRI

Hallo, Kinder!
Sind alle da aus Cicero?

ERSTER CICEROER

Jawohl.

GIRI

Und aus Chicago?

ERSTER CHICAGOER

Alle.

GIRI *zu Ui*

Alles da.

GIVOLA

Willkommen, Grünzeughändler! Der Karfioltrust
Begrüßt euch herzlich. *Zu Clark:* Bitte sehr, Herr Clark.

CLARK

Ich tret mit einer Neuigkeit vor Sie.
Nach wochenlangen und nicht immer glatten
Verhandlungen – ich plaudre aus der Schule –
Hat sich die örtliche Großhandlung Betty Dullfeet
Dem Karfioltrust angeschlossen. So
Erhalten Sie in Zukunft Ihr Gemüse
Vom Karfioltrust. Der Gewinn für Sie
Liegt auf der Hand: Erhöhte Sicherheit
Der Lieferung. Die neuen Preise, leicht
Erhöht, sind schon fixiert. Frau Betty Dullfeet
Ich schüttle Ihnen, als dem neuen Mitglied
Des Trusts, die Hand.
Clark und Betty Dullfeet schütteln sich die Hände.

GIVOLA

Es spricht Arturo Ui.
Ui tritt vor das Mikrophon.

UI

Chicagoer und Ciceroer! Freunde!
Mitbürger! Als der alte Dogsborough
Ein ehrlicher Mann, Gott hab ihn selig, mich
Vor einem Jahr ersuchte, Tränen im Aug
Chicagos Grünzeughandel zu beschützen
War ich, obgleich gerührt, doch etwas skeptisch

Ob ich dies freudige Vertraun rechtfertigen könnt.
Nun, Dogsborough ist tot. Sein Testament
Liegt jedermann zur Einsicht vor. Er nennt
In schlichten Worten mich seinen Sohn! Und dankt
Mir tiefbewegt für alles, was ich getan hab
Seit diesem Tag, wo ich seinem Rufe folgte.
Der Handel mit Grünzeug, sei es nun Karfiol
Sei's Schnittlauch, Zwiebeln oder was weiß ich, ist
Heut in Chicago ausgiebig beschützt.
Ich darf wohl sagen: Durch entschlossenes Handeln
Von meiner Seite. Als dann unerwartet
Ein andrer Mann, Ignatius Dullfeet, mir
Den gleichen Antrag stellte, nun für Cicero
War ich nicht abgeneigt, auch Cicero
In meinen Schutz zu nehmen. Nur eine Bedingung
Stellt' ich sofort: Es muß auf Wunsch der Laden-
Besitzer sein! Durch freiwilligen Entschluß
Muß ich gerufen werden. Meinen Leuten
Schärfte ich ein: Kein Zwang auf Cicero!
Die Stadt hat völlige Freiheit, mich zu wählen!
Ich will kein mürrisches »Schön!«, kein knirschendes »Bitte«.
Halbherziges Zustimmen ist mir widerlich.
Was ich verlange, ist ein freudiges »Ja!«
Ciceroischer Männer, knapp und ausdrucksvoll.
Und weil ich das will und, was ich will, ganz will
Stell ich die Frage auch an euch noch einmal
Leute aus Chicago, da ihr mich besser kennt
Und, wie ich annehmen darf, auch wirklich schätzt.
Wer ist für mich? Und wie ich nebenbei
Erwähnen will: Wer da nicht für mich ist
Ist gegen mich und wird für diese Haltung
Die Folgen selbst sich zuzuschreiben haben.
Jetzt könnt ihr wählen!

GIVOLA

               Doch bevor ihr wählt

Hört noch Frau Dullfeet, allen euch bekannt
Und Witwe eines Mannes, euch allen teuer!

BETTY

Freunde! Da nunmehr euer aller Freund
Mein lieber Mann Ignatius Dullfeet, nicht mehr
Weilt unter uns ...

GIVOLA

          Er ruh in Frieden!

BETTY

                    Und
Euch nicht mehr Stütze sein kann, rat ich euch
Nun euer Vertraun zu setzen in Herrn Ui
Wie ich es selbst tu, seit ich ihn in dieser
Für mich so schweren Zeit näher und besser
Kennengelernt.

GIVOLA

          Zur Wahl!

GIRI

                  Wer für Arturo Ui ist
Die Hände hoch!
Einige erheben sofort die Hand.

EIN CICEROER   Ist's auch erlaubt zu gehn?

GIVOLA

Jedem steht frei, zu machen, was er will.
*Der Ciceroer geht zögernd hinaus. Zwei Leibwächter folgen
ihm. Dann ertönt ein Schuß.*

GIRI

Und nun zu euch! Was ist euer freier Entschluß?
Alle heben die Hände hoch, jeder beide Hände.

GIVOLA

Die Wahl ist aus, Chef, Ciceros Grünzeughändler
Und die Chicagos danken tiefbewegt
Und freudeschlotternd dir für deinen Schutz.

UI

Ich nehme euren Dank mit Stolz entgegen.

Als ich vor nunmehr fünfzehn Jahren als
Einfacher Sohn der Bronx und Arbeitsloser
Dem Ruf der Vorsehung folgend, mit nur sieben
Erprobten Männern auszog, in Chicago
Meinen Weg zu machen, war's mein fester Wille
Dem Grünzeughandel Frieden zu verschaffen.
's war eine kleine Schar damals, die schlicht
Jedoch fanatisch diesen Frieden wünschte!
Nun sind es viele. Und der Friede in
Chicagos Grünzeughandel ist kein Traum mehr
Sondern rauhe Wirklichkeit. Und um den Frieden
Zu sichern, habe ich heute angeordnet
Daß unverzüglich neue Thompsonkanonen
Und Panzerautos und natürlich was
An Brownings, Gummiknüppeln und so weiter noch
Hinzukommt, angeschafft werden, denn nach Schutz
Schrein nicht nur Cicero und Chicago, sondern
Auch andre Städte: Washington und Milwaukee!
Detroit! Toledo! Pittsburg! Cincinnati!
Wo's auch Gemüsehandel gibt. Flint! Boston!
Philadelphia! Baltimore! St. Louis! Little Rock!
Minneapolis! Columbus! Charleston! Und New York!
Das alles will geschützt sein! Und kein »Pfui!«
Und kein »Das ist nicht fein!« hält auf den Ui!
Trommeln und Fanfarenstöße.
Während der Rede des Ui ist eine Schrift aufgetaucht.

17

*Cicero. Aus einem zerschossenen Lastkraftwagen klettert
eine blutüberströmte Frau und taumelt nach vorn.*

DIE FRAU
Hilfe! Ihr! Lauft nicht weg! Ihr müßt's bezeugen!

Mein Mann im Wagen dort ist hin! Helft! Helft!
Mein Arm ist auch kaputt ... und auch der Wagen!
Ich bräucht 'nen Lappen für den Arm ... Sie schlachten uns
Als wischten sie von ihrem Bierglas Fliegen!
O Gott! So helft doch! Niemand da ... Mein Mann!
Ihr Mörder! Aber ich weiß, wer's ist! Es ist
Der Ui! *Rasend:* Untier. Du Abschaum allen Abschaums!
Du Dreck, vor dem's dem Dreck graust, daß er sagt:
Wo wasch ich mich? Du Laus der letzten Laus!
Und alle dulden's! Und wir gehen hin!
Ihr! 's ist der Ui! Der Ui!
*In unmittelbarer Nähe knattert ein Maschinengewehr, und
sie bricht zusammen.*

Ui und der Rest!

Wo seid ihr? Helft! Stoppt keiner diese Pest?

EPILOG

Ihr aber lernet, wie man sieht statt stiert
Und handelt, statt zu reden noch und noch.
So was hätt einmal fast die Welt regiert!
Die Völker wurden seiner Herr, jedoch
Daß keiner uns zu früh da triumphiert –
Der Schoß ist fruchtbar noch, aus dem das kroch.

Anhang

Zeittafel 1

1: 1929–1932. Die Weltkrise sucht Deutschland ganz besonders stark heim. Auf dem Höhepunkt der Krise versuchen die preußischen Junker, Staatsanleihen zu ergattern, lange ohne Erfolg.

3: Um den Reichspräsidenten Hindenburg für die Nöte der Gutsbesitzer zu interessieren, machen die Junker ihm einen Gutsbesitz zum Ehrengeschenk.

4: Im Herbst 1932 steht die Partei und Privatarmee Adolf Hitlers vor dem finanziellen Bankrott und ist von rascher Auflösung bedroht. Verzweifelt müht sich Hitler, zur Macht zu kommen. Jedoch gelingt es ihm lange nicht, Hindenburg zu sprechen.

5: Im Januar 1933 verweigert der Reichspräsident Hindenburg mehrmals dem Parteiführer Hitler den Reichskanzlerposten. Jedoch hatte er die drohende Untersuchung des Osthilfeskandals zu fürchten. Er hatte auch für das ihm geschenkte Gut Neudeck Staatsgelder genommen und sie nicht dem angegebenen Zweck zugeführt.

6: Als der Reichskanzler General Schleicher mit der Aufdeckung der Unterschlagungen von Osthilfegeldern und Steuerhinterziehungen drohte, übergab Hindenburg am 30. 1. 1933 Hitler die Macht. Die Untersuchung wurde niedergeschlagen.

7: Dem Verlauten nach erhielt Hitler Unterricht in Deklamation und edlem Auftreten von dem Provinzschauspieler Basil.

1 In einer unkorrigierten Fassung des Stücks finden sich die hier von Brecht zusammengefaßten Texte seiner Zeittafel am Schluß der einzelnen Szenen (Eine Schrift taucht auf.) Siehe hierzu die Anmerkung des Herausgebers auf Seite 5, die Abschnitte *Bemerkungen* und *Notizen*, Seite 130 und 133, sowie *Sinn und Form*, Zweites Sonderheft Bertolt Brecht, Berlin 1957, Seite 7–99. (E. H.)

8: Im Februar 1933 ging das Reichstagsgebäude in Flammen auf. Hitler beschuldigt seine Feinde der Brandstiftung und gab das Signal zur Nacht der langen Messer.

9: In einem großen Prozeß, dem Reichstagsbrandprozeß, verurteilte das Reichsgericht zu Leipzig einen gedopten Arbeitslosen zum Tod. Die Brandstifter gingen frei aus.

10 und 11: Der bevorstehende Tod des alten Hindenburg löste im Lager der Nazis erbitterte Kämpfe aus. Tonangebende Kreise bestanden auf der Entfernung Ernst Röhms. Vor der Tür stand die Besetzung Österreichs.

12: In der Nacht des 30. Juni 1934 überfiel Hitler seinen Freund Röhm in einem Gasthof, wo er Hitler erwartete, um mit ihm einen Coup gegen Hindenburg und Göring zu starten.

13: Unter Hitlers Zwang willigte der österreichische Kanzler Engelbert Dollfuß im Jahre 1934 ein, die Angriffe der österreichischen Presse gegen Nazideutschland zum Schweigen zu bringen.

14: Der Besetzung Österreichs ging der Mord an Engelbert Dollfuß, dem österreichischen Kanzler, voraus. Unermüdlich setzten die Nazis ihre Werbung um Sympathien in Österreich fort.

16: Am 11. März 1938 marschierte Hitler in Österreich ein. Eine Wahl unter dem Terror der Nazis ergab 98 % Stimmen für Hitler.

Zu »Der aufhaltsame Aufstieg des Arturo Ui« 1

Vorspruch 2

Der aufhaltsame Aufstieg des Arturo Ui, 1941 in Finnland geschrieben, ist ein Versuch, der kapitalistischen Welt den Aufstieg Hitlers dadurch zu erklären, daß er in ein ihr vertrautes Milieu versetzt wurde. Die Verssprache macht das Heldentum der Figuren meßbar.

Hinweis für die Aufführung

Dies Stück muß, damit die Vorgänge jene Bedeutung erhalten, die ihnen leider zukommt, im g r o ß e n S t i l dargestellt werden; am besten mit deutlichen Reminiszenzen an das elisabethanische Historientheater, also mit Vorhängen und Podesten. Es kann z. B. vor gekalkten Rupfenvorhängen, die ochsenblutfarben bespritzt sind, agiert werden. Auch können gelegentlich panoramamäßig bemalte Prospekte benutzt werden, und Orgel-, Trompeten- und Trommeleffekte sind ebenfalls zulässig. Jedoch muß reine Travestie natürlich vermieden werden, und auch im Grotesken darf die Atmosphäre des Schauerlichen keinen Augenblick versagen. Nötig ist plastische Darstellung in schnellem Tempo mit übersichtlichen Gruppenbildern im Geschmack der alten Historienmalerei.

1 Einige das Stück betreffende Aufzeichnungen Brechts.
2 Für eine geplante Veröffentlichung in den *Versuchen*.

Bemerkungen

Man hört heute ganz allgemein, es sei unstatthaft und aussichtslos, die großen politischen Verbrecher, lebendig oder tot, der Lächerlichkeit preisgeben zu wollen. Selbst das gemeine Volk, hört man, sei da empfindlich, nicht nur weil es in die Verbrechen verwickelt wurde, sondern weil die Übriggebliebenen in den Ruinen nicht über derlei lachen könnten. Auch solle man nicht offene Türen einrennen, da es deren in Ruinen zu viele gäbe; die Lektion sei gelernt worden, wozu sie jetzt den Unglücklichen noch einreiben? Sei aber die Lektion nicht gelernt, sei es gefährlich, ein Volk zum Gelächter über einen Machthaber aufzufordern, das es ihm gegenüber sozusagen hat an Ernst fehlen lassen, usw. usw.
Es ist verhältnismäßig leicht, mit der Aufforderung fertig zu werden, die Kunst müsse mit der Brutalität behutsam umgehen, das schwächliche Pflänzchen der Erkenntnis liebevoll begießen, denen, die gezeigt haben, was eine Harke ist, nunmehr zu zeigen, was eine Gießkanne ist, usw. Man kann auch gegen einen Begriff »Volk« angehen, der etwas »höheres« meint als die Bevölkerung, und zeigen, wie da die berüchtigte »Volksgemeinschaft« der Henker und Opfer, der Unternehmer und Unternommenen, in den Köpfen spukt. Aber die Aufforderung an die Satire, sich hier nicht einzumengen, wo es sich um ernste Dinge handelt, ist damit noch nicht als unsittlich abgelehnt. Sie interessiert sich gerade für ernste Dinge.
Die großen politischen Verbrecher müssen durchaus preisgegeben werden, und vorzüglich der Lächerlichkeit. Denn sie sind vor allem keine großen politischen Verbrecher, sondern die Verüber großer politischer Verbrechen, was etwas ganz anderes ist.
Keine Angst vor der platten Wahrheit, wenn sie nur wahr ist! So wenig das Mißlingen seiner Unternehmungen Hitler zu

130

einem Dummkopf stempelt, so wenig stempelt ihn der Umfang dieser Unternehmungen zu einem großen Mann. Die herrschenden Klassen im modernen Staat bedienen sich bei ihren Unternehmungen meistens recht durchschnittlicher Leute. Nicht einmal auf dem höchst wichtigen Gebiet der ökonomischen Ausbeutung ist besondere Begabung vonnöten. Der Milliardentrust der IG Farben verwendet überdurchschnittliche Intelligenz nur, indem er sie ausbeutet; die Ausbeuter selber, eine Handvoll Leute, die meistens durch Geburt zu ihrer Macht kamen, bringen kollektiv etwas Schlauheit und Brutalität auf, werden aber durch die Unbildung, und würden selbst durch etwaige Gutmütigkeit einzelner unter ihnen, nicht geschäftlich geschädigt. Die politischen Geschäfte lassen sie durch Leute besorgen, die oft noch erheblich dümmer als sie selber sind. Hitler konnte da dem Brüning, dieser dem Stresemann wohl das faule Wasser reichen, und auf militärischem Gebiet war wohl der Lakeitel dem Hindenburg ebenbürtig. Einen militärischen Spezialisten wie Ludendorff, der Schlachten wegen seiner politischen Unreife verlor, darf man sich ebensowenig als intellektuellen Giganten vorstellen wie einen Schnellrechner im Varieté. Solche Leute erwecken den Anschein von Größe durch den Umfang der Unternehmungen. Dabei müssen sie gerade durch diesen Umfang nicht besonders tüchtig sein, denn er bedeutet doch nur, daß eben ein riesiger Haufe von intelligenten Leuten aufgeboten wurde, so daß die Krisen und Kriege zu Ausstellungen der Intelligenz der Gesamtbevölkerung werden.

Dazu kommt, daß das Verbrechen selbst häufig Bewunderung auslöst. Die Kleinbürger meiner Heimatstadt hörte ich nie anders als mit Andacht und Begeisterung von einem Massenmörder namens Kneisel sprechen, so daß ich seinen Namen bis auf den heutigen Tag behalten habe. Es wurde nicht einmal für nötig gehalten, ihm die bekannten Freundlichkeiten zu armen, alten Mütterchen anzudichten; seine Morde genügten. Die Geschichtsauffassung der Kleinbürger (und der Proleten, solang sie keine andere haben) ist größtenteils romantisch. Der erste Napoleon beschäftigte die arme Phantasie dieser Deutschen natürlich nicht durch den Code Napoléon, sondern durch Millionen seiner Opfer. Die Blutflecken stehen diesen Eroberern gut zu Gesicht, wie Schönheitsflecken. Wenn in der mit Recht *Deutsche Rundschau* genannten Zeitschrift ein gewisser Doktor Pechel im Jahr 1946 über den Dschingis-Khan schrieb, »der Preis für die Pax Mongolica waren 20 zerstörte Reiche und der Tod von vielen dutzenden Millionen Menschen«, so wird der »blutbefleckte Eroberer, der Zerstörer aller Werte, über dem man den Herrscher nicht vergessen darf, der bewies, daß er kein destruktiver Kopf war«, schon dadurch groß, weil er im Umgang mit Menschen nicht kleinlich war. Dieser Respekt vor den Tötern muß zerstört werden. Die Alltagslogik darf sich nicht einschüchtern lassen, wenn sie sich in die Jahrhunderte begibt; was uns für die kleinen Verhältnisse gilt, dem müssen wir in den großen Geltung verschaffen. Der Lump im kleinen darf nicht, wenn ihm die Herrschenden gestatten, ein Lump im großen zu werden, eine Sonderstellung nicht nur in der Lumperei, sondern auch in unserer Geschichtsbetrachtung einnehmen. Und im allgemeinen gilt wohl der Satz, daß die Tragödie die Leiden der Menschen häufiger auf die leichte Achsel nimmt als die Komödie.

Notizen [1]

Kusche: »... im gleichen Augenblick aber, wo ›Ui‹ durch die Projektionen
auf eine ganz bestimmte Phase der deutschen Geschichte eindeutig bezogen
wird . . ., ist hier zu fragen: wo ist das Volk?«
»Brecht hat geschrieben (über Eislers *Faustus*): ›Wir müssen unbedingt
ausgehen von der Wahrheit des Satzes: ›Eine Konzeption, in der die deutsche Geschichte nichts als Misere ist und in der das Volk als schöpferische
Potenz fehlt, ist nicht wahr.‹«
»Vermißt wird ›Irgendetwas‹, das ›die schöpferische Potenz des Volkes‹
repräsentiert . . . War es nur ein Kampf der Gangster und Händler unter-
einander? War Dimitroff (die Potenz, die wir hier der Einfachheit halber
so nennen) ein Händler?«

Der *Ui* ist ein Parabelstück, geschrieben mit der Absicht, den
üblichen gefahrvollen Respekt vor den großen Tötern zu zer-
stören. Der Kreis ist absichtlich eng gezogen: er beschränkt
sich auf die Ebene von Staat, Industriellen, Junkern und
Kleinbürgern. Das reicht aus, die vorgehabte Absicht durch-
zuführen. Das Stück will keinen allgemeinen gründlichen
Aufriß der historischen Lage der dreißiger Jahre geben. Es
fehlt das Proletariat, und es kann nicht in weiterem Maße
berücksichtigt werden, denn ein jedes Mehr in diesem Gefüge
wäre ein Zuviel und würde ablenken von der diffizilen Pro-
blemstellung. (Wie auf das Proletariat näher eingehen und
nicht auf die Arbeitslosigkeit; wie darauf und dann nicht auf
die Arbeitsbeschaffung und auf die Parteien; sowie deren Versagen? Eines würde das andere mit sich ziehen, und heraus
käme ein gigantisches Werk, das den gewollten Zweck nicht
erfüllt.)
Die projizierten Schriften – nach K. ein Grund, in dem Stück

1 Zu den verschiedenen Punkten einer Diskussion, die einige junge Schrift-
steller Ende 1953 mit Brecht hatten und deren Inhalt von Lothar Kusche
in einem Brief vom 21. 1. 54 an Benno Slupianek zusammengefaßt wurde,
nahm Brecht in diesen Notizen Stellung.

einen allgemeinen Aufriß zu suchen – scheinen mir den Zug des Ausschnitthaften, Panoptikumhaften nur zu verstärken.

Die Industriellen scheinen von der Krise alle gleichermaßen betroffen; anstatt daß die Schwächeren erschlagen werden von den Stärkeren. (Aber vielleicht ist das auch ein Punkt, der zu weit ins Detail führen würde und auf den die Parabel verzichten kann.)

Der Verteidiger (9. Bild, Speicherbrandprozeß) sollte vielleicht noch einmal untersucht werden. In der jetzigen Form scheint er lediglich eine Art »Berufsehre« zu verteidigen, wenn er protestiert. Ob er nun so gemeint ist oder nicht so: das Publikum wird ihn natürlich als Dimitroff zu nehmen versuchen.

Was die Erscheinung von Röhms Geist betrifft, hat Kusche meiner Meinung nach recht (»So wie der Text jetzt ist, erhält ein fetter, versoffener Nazi Märtyrerzüge.«).

Das Stück, geschrieben 1941, wurde als Aufführung von 1941 gesehen.

edition suhrkamp

744 Gero Lenhardt, Berufliche Weiterbildung und Arbeitsteilung in der Industrieproduktion
745 Brede/Kohaupt/Kujath, Ökonomische und politische Determinanten der Wohnungsversorgung
746 Der Arzt, sein Patient und die Gesellschaft. Herausgegeben von Dorothea Ritter-Röhr
747 Gunnar Heinsohn, Rolf Knieper, Theorie des Familienrechts
749 Rudolf zur Lippe, Bürgerliche Subjektivität
751 Brechts Modell der Lehrstücke. Herausgegeben von Rainer Steinweg
756 Hannelore/Heinz Schlaffer, Studien zum ästhetischen Historismus
758 Brecht-Jahrbuch 1974. Herausgegeben von J. Fuegi, R. Grimm, J. Hermand
759 Der Weg ins Freie. Fünf Lebensläufe überliefert von H. M. Enzensberger
760 Lodewijk de Boer, The Family
761 Claus Offe, Berufsbildungsreform
762 Petr Kropotkin, Ideale und Wirklichkeit in der russischen Literatur
764 Gesellschaft, Beiträge zur Marxschen Theorie 4
766 Laermann/Piechotta/Japp/Wuthenow u.a., Reise und Utopie
767 Monique Piton, Anders Leben
768 Félix Guattari, Psychotherapie, Politik und die Aufgaben der institutionellen Analyse
769 Jahoda/Lazarsfeld/Zeisel, Die Arbeitslosen von Marienthal
770 Herbert Marcuse, Zeit-Messungen
771 Brecht im Gespräch. Herausgegeben von Werner Hecht
772 Th. W. Adorno, Gesellschaftstheorie u. Kulturkritik
773 Kurt Eisner, Sozialismus als Aktion
775 Horn, Luhmann, Narr, Rammstedt, Röttgers, Gewaltverhältnisse und die Ohnmacht der Kritik
776 Reichert/Senn, Materialien zu Joyce »Ein Porträt des Künstlers«
777 Caspar David Friedrich und die deutsche Nachwelt. Herausgegeben von Werner Hofman
778 Klaus Fritzsche, Politische Romantik und Gegenrevolution
779 Literatur und Literaturtheorie. Hrsg. von Peter U. Hohendahl und Patricia Herminghouse
780 Piero Sraffa, Warenproduktion mittels Waren
782 Helmut Brackert, Bauernkrieg und Literatur
784 Friedensanalysen 1
787 Gesellschaft, Beiträge zur Marxschen Theorie 5
790 Gustav W. Heinemann, Präsidiale Reden
791 Beate Klöckner, Anna oder leben heißt streben

792 Rainer Malkowski, Was für ein Morgen

793 Von deutscher Republik. Hrsg. von Jost Hermand

794 Döbert R./Nunner-Winkler, G., Adoleszenzkrise und Identitätsbildung

795 Dieter Kühn, Goldberg-Variationen

797 Brecht Jahrbuch 1975

798 Gespräche mit Ernst Bloch. Herausgegeben von Rainer Traub und Harald Wieser

799 Volker Braun, Es genügt nicht die einfache Wahrheit

800 Karl Marx, Die Ethnologischen Exzerpthefte

801 Wlodzimierz Brus, Sozialistisches Eigentum und politisches System

802 Johannes Gröll, Erziehung im gesellschaftlichen Reproduktionsprozeß

803 Rainer Werner Fassbinder, Stücke 3

804 James K. Lyon, Bertolt Brecht und Rudyard Kipling

806 Gesellschaft, Beiträge zur Marxschen Theorie 6

807 Gilles Deleuze/Félix Guattari, Kafka. Für eine kleine Literatur

808 Ulrike Prokop, Weiblicher Lebenszusammenhang

809 G. Heinsohn / B. M. C. Knieper, Spielpädagogik

811 Ror Wolf, Auf der Suche nach Doktor Q.

812 Oskar Negt, Keine Demokratie ohne Sozialismus

815 Giselher Rüpke, Schwangerschaftsabbruch und Grundgesetz

816 Rainer Zoll, Der Doppelcharakter der Gewerkschaften

817 Bertolt Brecht, Drei Lehrstücke: Badener Lehrstück, Rundköpfe, Ausnahme und Regel

818 Gustav Landauer, Erkenntnis und Befreiung

821 Otto Kirchheimer, Von der Weimarer Demokratie zum Faschismus

824 Altvater/Basso/Mattick/Offe u. a., Rahmenbedingungen und Schranken staatlichen Handelns

825 Diskussion der ›Theorie der Avantgarde‹. Herausgegeben von W. Martin Lüdke

827 Gesellschaft, Beiträge zur Marxschen Theorie 7

828 Rolf Knieper, Weltmarkt, Wirtschaftsrecht und Nationalstaat

833 Peter Weiss, Dramen I

834 Friedensanalysen 2

835-838 Bertolt Brecht, Gedichte in 4 Bänden

847 Friedensanalysen 3

848 Dieter Wellershoff, Die Auflösung des Kunstbegriffs

852 Über Max Frisch II

854 Julius Fučík, Reportage unter dem Strang geschrieben

858 Silvio Blatter, Genormte Tage, verschüttete Zeit

861 Blanke/Offe/Ronge u.a., Bürgerlicher Staat und politische Legitimation. Herausgegeben von Rolf Ebbighausen

864 Über Wolfgang Koeppen. Herausgegeben von Ulrich Greiner

868 Brede/Dietrich/Kohaupt, Politische Ökonomie des Bodens

873 Produktion, Arbeit, Sozialisation. Herausgegeben von Th. Leithäuser und W. R. Heinz

Alphabetisches Verzeichnis der edition suhrkamp

Abendroth, Sozialgesch. d. europ. Arbeiterbewegung 106

Achternbusch, L'Etat c'est moi 551

Adam, Südafrika 343

Adorno, Drei Studien zu Hegel 38

Adorno, Eingriffe 10

Adorno, Kritik 469

Adorno, Jargon d. Eigentlichkeit 91

Adorno, Moments musicaux 54

Adorno, Ohne Leitbild 201

Adorno, Stichworte 347

Adorno, Zur Metakritik der Erkenntnistheorie 590

Adorno, Gesellschaftstheorie u. Kultur 772

Aggression und Anpassung 282

Alff, Der Begriff Faschismus 456

Alff, Materialien zum Konfinuitätsproblem 714

Althusser, Für Marx 737

Altvater/Basso/Mattick/Offe u. a., Rahmenbedingungen 824

Andersch, Die Blindheit des Kunstwerks 133

Antworten auf H. Marcuse 263

Architektur als Ideologie 243

Architektur u. Kapitalverwertung 638

Über H. C. Artmann 541

Arzt u. Patient in der Industriegesellschaft, hrsg. v. O. Döhner 643

Aspekte der Marxschen Theorie I 632

Aspekte der Marxschen Theorie II 633

Augstein, Meinungen 214

Autonomie der Kunst 592

Autorenkollektiv Textinterpretation . . ., Projektarbeit als Lernprozeß 675

Baran/Sweezy, Monopolkapital [in Amerika] 636

Barthes, Mythen des Alltags 92

Barthes, Kritik und Wahrheit 218

Basaglia, F., Die abweichende Mehrheit 537

Basaglia, F. (Hrsg.), Die negierte Institution 655

Basaglia, F. (Hrsg.), Was ist Psychiatrie? 708

Basso, L., Gesellschaftsformation u. Staatsform 720

Baudelaire, Tableaux Parisiens 34

Becker, E. / Jungblut, Strategien der Bildungsproduktion 556

Becker, H., Bildungsforschung 483

Becker, J., Felder 61

Becker, J., Ränder 351

Becker, J., Umgebungen 722

Über Jürgen Becker 552

Beckett, Aus einem aufgegeb. Werk 145

Beckett, Fin de partie / Endspiel 96

Materialien zum ›Endspiel‹ 286

Beckett, Das letzte Band 389

Beckett, Warten auf Godot 3

Beiträge zur marxist. Erkenntnistheorie 349

Benjamin, Das Kunstwerk 28

Benjamin, Über Kinder 391

Benjamin, Kritik der Gewalt 103

Benjamin, Städtebilder 17

Benjamin, Versuche über Brecht 172

Berger, Untersuchungsmethode u. soziale Wirklichkeit 712

Bergman, Wilde Erdbeeren 79

Bernhard, Amras 142

Bernhard, Fest für Boris 440

Bernhard, Prosa 213

Bernhard, Ungenach 279

Bernhard, Watten 353

Über Thomas Bernhard 401

Bertaux, Hölderlin u. d. Französ. Revol. 344

Berufsbildungsreform, hrsg. v. C. Offe 761

Blatter, Genormte Tage 858

Blanke u. a., Bürgerlicher Staat 861

Bloch, Avicenna 22

Bloch, Ästhetik des Vor-Scheins I 726

Bloch, Ästhetik des Vor-Scheins II 732

Bloch, Das antizipierende Bewußtsein 585

Bloch, Christian Thomasius 193

Bloch, Durch die Wüste 74

Bloch, Über Hegel 413

Bloch, Pädagogica 455

Bloch, Tübinger Einleitung in die Philosophie I 11

Bloch, Tübinger Einleitung in die Philosophie II 58

Bloch, Über Karl Marx 291

Bloch, Vom Hasard zur Katastrophe 534

Bloch, Widerstand und Friede 257

Block, Ausgewählte Aufsätze 71

Blumenberg, Kopernikan. Wende 138

Böhme, Soz.- u. Wirtschaftsgesch. 253

Bock, Geschichte des ›linken Radikalismus‹ in Deutschland 645

Boer, Lodewijk de, The Family 760

Böckelmann, Theorie der Massenkommunikation 658

du Bois-Reymond, B. Söll, Neuköllner Schulbuch, 2 Bände 681

du Bois-Reymond, M., Strategien kompensator. Erziehung 507

Bond, Gerettet / Hochzeit d. Papstes 461

Brackert, Bauernkrieg 782

Brandt u. a., Zur Frauenfrage im Kapitalismus 581

Brandys, Granada 167

Braun, Gedichte 397

Braun, Es genügt nicht die einfache Wahrheit 799

Brecht, Antigone / Materialien 134

Brecht, Arturo Ui 144

Brecht, Ausgewählte Gedichte 86

Brecht, Baal 170

Brecht, Baal der asoziale 248

Brecht, Brotladen 339

Brecht, Das Verhör des Lukullus 740

Brecht, Der gute Mensch v. Sezuan 73

Materialien zu ›Der gute Mensch . . .‹ 247

Brecht, Der Tui-Roman 603

Brecht, Die Dreigroschenoper 229

Brecht, Die heilige Johanna der Schlachthöfe 113

Brecht, Die heilige Johanna / Fragmente und Varianten 427

Brecht, Die Maßnahme 415

Brecht, Die Tage der Commune 169

Brecht, Furcht u. Elend d. 3. Reiches 392

Brecht, Gedichte u. Lieder aus Stücken 9

Brecht, Herr Puntila 105

Brecht, Im Dickicht der Städte 246

Brecht, Jasager – Neinsager 171

Brecht, Die Geschäfte des Julius Cäsar 332

Brecht, Kaukasischer Kreidekreis 31

Materialien zum ›Kreidekreis‹ 155

Brecht, Kuhle Wampe 362

Brecht, Leben des Galilei 1

Materialien zu ›Leben des Galilei‹ 44

Brecht, Leben Eduards II. 245

Brecht, Stadt Mahagonny 21

Brecht, Mann ist Mann 259

Brecht, Mutter Courage 49

Materialien zu ›Mutter Courage‹ 50

Materialien zu ›Die Mutter‹ 305

Brecht, Die Mutter (Regiebuch) 517

Brecht, Über Realismus 485

Brecht, Über d. Beruf d. Schauspielers 384

Brecht, Schweyk im zweiten Weltkrieg 132

Materialien zu ›Schweyk im zweit. Weltkrieg‹ 604

Brecht, Die Gesichter der Simone Machard 369

Brecht, Über Politik und Kunst 442

Brecht, Über experiment. Theater 377

Brecht, Trommeln in der Nacht 490

Brecht, Über Lyrik 70

Brecht, Gedichte in 4 Bänden 835-38

Brecht-Jahrbuch 1974 758

Brecht-Jahrbuch 1975 797

Brecht, Drei Lehrstücke 817

Brecht im Gespräch, hrsg. von Werner Hecht 771

Brechts Modell der Lehrstücke, hrsg. von Rainer Steinweg 751

Brede u. a., Determinanten d. Wohnungsversorgung 745

Brede u. a., Politische Ökonomie d. Bodens 868

Bredekamp, Kunst als Medium sozialer Konflikte 763

Materialien zu H. Brochs ›Die Schlafwandler‹ 571

Brooks, Paradoxie im Gedicht 124

Brus, Funktionsprobleme d. sozialist. Wirtschaft 472

Brus, W., Sozialistisches Eigentum 801

Bubner, Dialektik u. Wissenschaft 597

Bürger, Die franzöz. Frühaufklärung 525

Bürger, Theorie der Avantgarde 727

Bulthaup, Zur gesellschaftl. Funktion der Naturwissenschaften 670

Burke, Dichtung als symbol. Handlung 153

Burke, Rhetorik in Hitlers ›Mein Kampf‹ 231

Busch, Die multinationalen Konzerne 741

Caspar D. Friedrich u. d. dt. Nachwelt, hrsg. v. W. Hofmann 777

Celan, Ausgewählte Gedichte 262

Über Paul Celan 495

Chasseguet-Smirgel (Hrsg), Psychoanalyse der weiblichen Sexualität 697

Chomsky, Aus Staatsraison 736

Clemenz, Gesellschaftl. Ursprünge des Faschismus 550

Cooper, Psychiatrie u. Anti-Psychiatrie 497

Córdova/Michelena, Lateinamerika 311

Creeley, Gedichte 227

Dallemagne, Die Grenzen der Wirtschaftspolitik 730

Damus, Entscheidungsstrukturen in der DDR-Wirtschaft 649

Deleuze/Guattari, Kafka 807

Determinanten der westdeutschen Restauration 1945-1949 575

Deutsche und Juden 196

Dobb, Organis. Kapitalismus 166

Döbert, R./Nunner-Winkler, G,. Adoleszenzkrise und Identitätsbildung 794

Dorst, Eiszeit 610

Dorst, Toller 294

Über Tankred Dorst (Werkbuch) 713

Drechsel u. a., Massenzeichenware 501

Doras, Ganze Tage in den Bäumen 80

Duras, Hiroshima mon amour 26

Eckensberger, Sozialisationsbedingungen d. öffentl. Erziehung 466

Eich, Abgelegte Gehöfte 288

Eich, Botschaften des Regens 48

Hegels Philosophie 441
Heinemann, Präsidiale Reden 790
Heinsohn/Knieper, Theorie d. Familienrechts 747
Heinsohn/Knieper, Spielpädagogik 809
Heller, E., Nietzsche 67
Heller, E., Studien zur modernen Literatur 42
Hennicke (Hrsg.), Probleme d. Sozialismus i. d. Übergangsgesellschaften 640
Hennig, Thesen z. dt. Sozial- u. Wirtschaftsgeschichte 662
Henrich, Hegel im Kontext 510
Herbert, Ein Barbar 1 111
Herbert, Ein Barbar 2 365
Herbert, Gedichte 88
Hermand, J., Von deutscher Republik 793
Hesse, Geheimnisse 52
Hesse, Tractat vom Steppenwolf 84
Hildesheimer, Das Opfer Helena / Monolog 118
Hildesheimer, Interpretationen zu Joyce u. Büchner 297
Hildesheimer, Mozart / Beckett 190
Hildesheimer, Nachtstück 23
Hildesheimer, Herrn Walsers Raben 77
Über Wolfgang Hildesheimer 488
Hirsch, Wiss.-techn. Fortschritt i. d. BRD 437
Hirsch/Leibfried, Wissenschafts- u. Bildungspolitik 480
Hirsch, Staatsapparat u. Reprod. des Kapitals 704
Hobsbawm, Industrie und Empire I 315
Hobsbawm, Industrie und Empire II 316
Hochmann, Thesen zu einer Gemeindepsychiatrie 618
Hoffmann-Axthelm, Theorie der künstler. Arbeit 682
Hoffmann, H. (Hrsg.), Perspektiven kommunaler Kulturpolitik 718
Hofmann, Universität, Ideologie u. Gesellschaft 261
Hondrich, Theorie der Herrschaft 599
Horn, Dressur oder Erziehung 199
Horn u. a., Gewaltverhältnisse u. d. Ohnmacht d. Kritik 775
Horn (Hrsg.), Gruppendynamik u. ›subjekt. Faktor‹ 538
Hortleder, Gesellschaftsbild d. Ingenieurs 394
Hortleder, Ingenieure in der Industriegesellschaft 663
Horvat, B., Die jugoslaw. Gesellschaft 561
(Horváth) Materialien zu Ödön v. H. 436
Materialien zu H., ›Geschichten aus dem Wienerwald‹ 533
Materialien zu H., ›Glaube Liebe Hoffnung‹ 671

Materialien zu H., ›Kasimir und Karoline‹ 611
Über Ödön v. Horváth 584
Hrabal, Tanzstunden 126
Hrabal, Zuglauf überwacht 256
(Huchel) Über Peter Huchel 647
Huffschmid, Politik des Kapitals 313
Imperialismus und strukturelle Gewalt, hrsg. von D. Senghaas 563
Information über Psychoanalyse 648
Internat. Beziehungen, Probleme der 593
Jaeggi, Literatur und Politik 522
Jahoda u. a., Die Arbeitslosen v. Marienthal 769
Jakobson, Kindersprache 330
Jauß, Literaturgeschichte 418
Johnson, Das dritte Buch über Achim 100
Johnson, Karsch 59
Über Uwe Johnson 405
(Joyce, J.) Materialien zu J., ›Dubliner‹ 357
Joyce, St., Dubliner Tagebuch 216
Jugendkriminalität 325
Kalivoda, Marxismus 373
Kapitalismus, Peripherer, hrsg. von D. Senghaas 652
Kasack, Das unbekannte Ziel 35
Kaschnitz, Beschreibung eines Dorfes 188
Kino, Theorie des 557
Kipphardt, Hund des Generals 14
Kipphardt, Joel Brand 139
Kipphardt, In Sachen Oppenheimer 64
Kipphardt, Die Soldaten 273
Kipphardt, Stücke I 659
Kipphardt, Stücke II 677
Kirche und Klassenbindung, hrsg. v. Y. Spiegel 709
Kirchheimer, Politik und Verfassung 95
Kirchheimer, Funktionen des Staates u. d. Verfassung 548
Kirchheimer, Von der Weimarer Demokratie 821
Klöckner, Anna 791
Kluge/Negt, Öffentlichkeit und Erfahrung 639
Kluge, Lernprozesse mit tödlichem Ausgang 665
Kluge, Gelegenheitsarbeit einer Sklavin 733
Knieper, Weltmarkt 828
Kommune i. d. Staatsorganisation 680
Über Wolfgang Koeppen 864
Kracauer, Straßen in Berlin 72
Kraiker/Frerichs, Konstitutionsbedingungen 685
Kritische Friedenserziehung 661
Kritische Friedensforschung 478
Kroetz, Drei Stücke 473
Kroetz, Oberösterreich u. a. 707
Kroetz, Vier Stücke 586

Eich, Mädchen aus Viterbo 60
Eich, Setúbal / Lazertis 5
Eich, Marionettenspiele / Unter Wasser 89
Über Günter Eich 402
Eichenbaum, Theorie u. Gesch. d. Literatur 119
Eisner, Sozialismus als Aktion 773
Eliot, Die Cocktail Party 98
Eliot, Der Familientag 152
Eliot, Mord im Dom 8
Eliot, Was ist ein Klassiker? 33
Enzensberger, Blindenschrift 217
Enzensberger, Deutschland 203
Enzensberger, Einzelheiten I 63
Enzensberger, Einzelheiten II 87
Enzensberger, Landessprache 304
Enzensberger, Das Verhör von Habana 553
Enzensberger, Palaver 696
Enzensberger, Der Weg ins Freie 759
Über H. M. Enzensberger 403
Erkenntnistheorie, marxist. Beiträge 349
Eschenburg, Über Autorität 129
Euchner, Egoismus und Gemeinwohl 614
Expressionismusdebatte, hrsg. von H. J. Schmitt 646
Fassbinder, Antiteater 443
Fassbinder, Antiteater 2 560
Fassbinder, Stücke 3 803
Fleischer, Marxismus und Geschichte 323
Materialien zu M. F. Fleißer 594
Foucault, Psychologie u. Geisteskrankheit 272
Frauenarbeit – Frauenbefreiung, hrsg. v. A. Schwarzer 637
Frauenfrage im Kapitalismus 581
Frerichs/Kraiker, Konstitutionsbedingungen 685
Friedensanalysen 1 784
Friedensanalysen 2 834
Friedensanalysen 3 847
Frisch, Ausgewählte Prosa 36
Frisch, Biedermann u. d. Brandstifter 41
Frisch, Die chinesische Mauer 65
Frisch, Don Juan oder Die Liebe zur Geometrie 4
Frisch, Frühe Stücke. Santa Cruz / Nun singen sie wieder 154
Frisch, Graf Öderland 32
Frisch, Öffentlichkeit 209
Frisch, Zürich – Transit 161
Über Max Frisch 404
Über Max Frisch II 852
Fritzsche, Politische Romantik 778
Fromm, Sozialpsychologie 425
Fučík, Reportage unter dem Strang geschrieben 854
Fuegi/Grimm/Hermand (Hrsg.), Brecht-Jahr-

buch 1974 758
Gastarbeiter 539
Gefesselte Jugend / Fürsorgeerziehung 514
Geiss, Geschichte u. Geschichtswissenschaft 569
Germanistik 204
Gesellschaft, Beiträge zur Marxschen Theorie I 695
Gesellschaft, Beiträge zur Marxschen Theorie II 731
Gesellschaft, Beiträge zur Marxschen Theorie III 739
Gesellschaft, Beiträge zur Marxschen Theorie IV 764
Gesellschaft, Beiträge zur Marxschen Theorie V 787
Gesellschaft, Beiträge zur Marxschen Theorie VI 806
Gesellschaft, Beiträge zur Marxschen Theorie VII 827
Gesellschaftsstrukturen, hrsg. v. O. Negt u. K. Meschkat 589
Gespräche mit Ernst Bloch, Hrsg. von Rainer Traub und Harald Wieser 798
Goescher/Heyer/Schmidbauer, Soziologie der Polizei I 380
Goffman, Asyle 678
Goldscheid/Schumpeter, Finanzkrise 698
Grass, Hochwasser 40
Gröll, Erziehung 802
Guattari, Psychotherapie 768
Guérin, Anarchismus 240
Haavikko, Jahre 115
Habermas, Logik d. Sozialwissenschft. 481
Habermas, Protestbewegung u. Hochschulreform 354
Habermas, Technik u. Wissenschaft als Ideologie 287
Habermas, Legitimationsprobleme im Spätkapitalismus 623
Hacks, Das Poetische 544
Hacks, Stücke nach Stücken 122
Hacks, Zwei Bearbeitungen 47
Handke, Die Innenwelt 307
Handke, Kaspar 322
Handke, Publikumsbeschimpfung 177
Handke, Wind und Meer 431
Handke, Ritt über den Bodensee 509
Über Peter Handke 518
Hannover, Rosa Luxemburg 233
Hartig/Kurz, Sprache als soz. Kontrolle 543
Haug, Kritik d. Warenästhetik 513
Haug, Bestimmte Negation 607
Haug, Warenästhetik. Beiträge zur Diskussion 657
Hecht, Sieben Studien über Brecht 570
Hegel im Kontext 510

Krolow, Ausgewählte Gedichte 24
Krolow, Landschaften für mich 146
Krolow, Schattengefecht 78
Über Karl Krolow 527
Kropotkin, Ideale und Wirklichkeit 762
Kühn, Grenzen des Widerstands 531
Kühn, Unternehmen Rammbock 683
Kühn, Goldberg-Variationen 795
Kühnl/Rilling/Sager, Die NPD 318
Kulturpolitik, Kommunale 718
Kunst, Autonomie der 592
Laermann, u.a., Reise und Utopie 766
Laing, Phänomenologie der Erfahrung 314
Laing/Cooper, Vernunft und Gewalt 574
Laing/Phillipson/Lee, Interpers. Wahrnehmung 499
Landauer, Erkenntnis und Befreiung 818
Lefebvre, H., Marxismus heute 99
Lefebvre, H., Dialekt. Materialismus 160
Lefebvre, H., Metaphilosophie 734
Lehrlingsprotokolle 511
Lehrstück Lukács, hrsg. v. I. Matzur 554
Leithäuser/Heinz, Produktion, Arbeit, Sozialisation 873
Lempert, Berufliche Bildung 699
Lenhardt, Berufliche Weiterbildung 744
Lévi-Strauss, Ende d. Totemismus 128
Liberman, Methoden d. Wirtschaftslenkung im Sozialismus 688
Linhartová, Geschichten 141
Lippe, Bürgerliche Subjektivität 749
Literaturunterricht, Reform 672
Literatur und Literaturtheorie, hrsg. von Hohendahl u. P. Herminghouse 779
Lorenz, Sozialgeschichte der Sowjetunion 1 654
Lorenzer, Kritik d. psychoanalyt. Symbolbegriffs 393
Lorenzer, Gegenstand der Psychoanalyse 572
Lotman, Struktur d. künstler. Textes 582
Lukács, Heller, Márkus u. a., Individuum und Praxis 545
Lyon, Bertolt Brecht und Rudyard Kipling 804
Majakowskij, Wie macht man Verse? 62
Malkowski, Was für ein Morgen 792
Mandel, Marxist. Wirtschaftstheorie, 2 Bände 595/96
Mandel, Der Spätkapitalismus 521
Marcuse, Versuch über die Befreiung 329
Marcuse, H., Konterrevolution u. Revolte 591
Marcuse, Kultur u. Gesellschaft I 101
Marcuse, Kultur u. Gesellschaft II 135
Marcuse, Theorie der Gesellschaft 300
Marcuse, Zeit-Messungen 770
Marx, Die Ethnologischen Exzerpthefte 800

Marxist. Rechtstheorie, Probleme der 729
Marxsche Theorie, Aspekte, I 632
Marxsche Theorie, Aspekte, II 633
Massing, Polit. Soziologie 724
Mattick, Spontaneität und Organisation 735
Mattick, Beiträge zur Kritik des Geldes 723
Matzur, J. (Hrsg.), Lehrstück Lukács 554
Mayer, H., Anmerkungen zu Brecht 143
Mayer, H., Anmerkungen zu Wagner 189
Mayer, H., Das Geschehen u. d. Schweigen 342
Mayer, H., Repräsentant u. Märtyrer 463
Mayer, H., Über Peter Huchel 647
Meier, Begriff ›Demokratie‹ 387
Meschkat/Negt, Gesellschaftsstrukturen 589
Michel, Sprachlose Intelligenz 270
Michels, Polit. Widerstand in den USA 719
Mitbestimmung, Kritik der 358
Mitscherlich, Krankheit als Konflikt I 164
Mitscherlich, Krankheit als Konflikt II 237
Mitscherlich, Unwirtlichkeit unserer Städte 123
Mittelstraß, J. (Hrsg.) Methodologische Probleme 742
Monopol und Staat, hrsg. v. R. Ebbinghausen 674
Moral und Gesellschaft 290
Moser, Repress. Krim.psychiatrie 419
Moser/Künzel, Gespräche mit Eingeschlossenen 375
Most, Kapital und Arbeit 587
Münchner Räterepublik 178
Mukařovský, Ästhetik 428
Mukařovský, Poetik 230
Napoleoni, Ökonom. Theorien 244
Napoleoni, Ricardo und Marx, hrsg. von Cristina Pennavaja 702
Negt/Kluge, Öffentlichkeit u. Erfahrung 639
Negt/Meschkat, Gesellschaftsstrukturen 589
Negt, Keine Demokratie 812
Neues Hörspiel O-Ton, hrsg. von K. Schöning 705
Neumann-Schönwetter, Psychosexuelle Entwicklung 627
Nossack, Das Mal u. a. Erzählungen 97
Nossack, Das Testament 117
Nossack, Der Neugierige 45
Nossack, Der Untergang 19
Nossack, Pseudoautobiograph. Glossen 445
Über Hans Erich Nossack 406
Nyssen (Hrsg.), Polytechnik u. BRD? 573
Obaldia, Wind in den Zweigen 159
v. Oertzen, Die soz. Funktion des staatsrechtl. Positivismus 660
Oevermann, Sprache und soz. Herkunft 519
Offe, Strukturprobleme d. kapitalist. Staates 549

Offe, Berufsbildungsreform 761
Olson, Gedichte 112
Ostaijen, Grotesken 202
Parker, Meine Sprache bin ich 728
Peripherer Kapitalismus, hrsg. von D. Senghaas 652
Perspektiven der kommunalen Kulturpolitik, hrsg. v. H. Hoffmann 718
Piton, Anders leben 767
Pozzoli, Rosa Luxemburg 710
Preuß, Legalität und Pluralismus 626
Price, Ein langes glückl. Leben 120
Probleme d. intern. Beziehungen 593
Probleme d. marxist. Rechtstheorie 729
Probleme d. Sozialismus u. der Übergangsgesellschaften 640
Probleme einer materialist. Staatstheorie, hrsg. v. J. Hirsch 617
Projektarbeit als Lernprozeß 675
Prokop, Massenkultur u. Spontaneität 679
Prokop U., Weiblicher Lebenszusammenhang 808
Pross, Bildungschancen v. Mädchen 319
Prüß, Kernforschungspolitik i. d. BRD 715
Psychiatrie, Was ist . . . 708
Psychoanalyse als Sozialwissensch. 454
Psychoanalyse, Information über 648
Psychoanalyse d. weibl. Sexualität 697
Queneau, Mein Freund Pierrot 76
Rajewsky, Arbeitskampfrecht 361
Reform d. Literaturunterrichts, hrsg. v. H. Brackert / W. Raitz 672
Reichert/Senn, Materialien zu Joyce ›Ein Porträt d. Künstlers‹ 776
Restauration, Determinanten d. westdt. R. 575
Ritter, Hegel u. d. Französ. Revolution 114
Ritter-Röhr, D. (Hrsg.) Der Arzt, sein Patient und die Gesellschaft 746
Rocker, Aus d. Memoiren eines dt. Anarchisten 711
Rolshausen, Wissenschaft 703
Rossanda, Über Dialektik v. Kontinuität u. Bruch 687
Rottleuthner (Hrsg.), Probleme d. marxist. Rechtstheorie 729
Runge, Bottroper Protokolle 271
Runge, Frauen 359
Runge, Reise nach Rostock 479
Rüpke, Schwangerschaftsabbruch 815
Russell, Probleme d. Philosophie 207
Russell, Wege zur Freiheit 447
Sachs, Das Leiden Israels 51
Sandkühler, Praxis u. Geschichtsbewußtsein 529
Sarraute, Schweigen / Lüge 299
Schäfer/Edelstein/Becker, Probleme d. Schule

(Beispiel Odenwaldschule) 496
Schäfer/Nedelmann, CDU-Staat 370
Schedler, Kindertheater 520
Scheugl/Schmidt jr., ›Eine Subgeschichte d. Films‹, 2 Bände 471
Schklowskij, Schriften zum Film 174
Schklowskij, Zoo 130
Schlaffer, Der Bürger als Held 624
Schlaffer, Studien zum ästhetischen Historismus 756
Schmidt, Ordnungsfaktor 487
Schmitt, Expressionismus-Debatte 646
Schneider/Kuda, Arbeiterräte 296
Schnurre, Kassiber / Neue Gedichte 94
Scholem, Judentum 414
Schram, Die perman. Revolution i. China 151
Schütze, Rekonstrukt. d. Freiheit 298
Schule und Staat im 18. u. 19. Jh., hrsg. v. K. Hartmann, F. Nyssen, H. Waldeyer 694
Schwarzer (Hrsg.), Frauenarbeit – Frauenbefreiung 637
Sechehaye, Tagebuch einer Schizophrenen 613
Segmente der Unterhaltungsindustrie 651
Senghaas, Rüstung und Materialismus 498
Setzer, Wahlsystem in England 664
Shaw, Caesar und Cleopatra 102
Shaw, Der Katechismus d. Umstürzlers 75
Söll/du Bois-Reymond, Neuköllner Schulbuch, 2 Bände 681
Sohn-Rethel, Geistige u. körperl. Arbeit 555
Sohn-Rethel, Ökonomie u. Klassenstruktur d. dt. Faschismus 630
Sozialistische Realismuskonzeptionen 701
Spazier/Bopp, Grenzübergänge. Psychotherapie 738
Spiegel (Hrsg.), Kirche u. Klassenbindung 709
Sraffa, Warenproduktion 780
Sternberger, Bürger 224
Straschek, Handbuch wider das Kino 446
Streik, Theorie und Praxis 385
Strindberg, Ein Traumspiel 25
Struck, Klassenliebe 629
Sweezy, Theorie d. kapitalist. Entwicklung 433
Sweezy/Huberman, Sozialismus in Kuba 426
Szondi, Über eine freie Universität 620
Szondi, Hölderlin-Studien 379
Szondi, Theorie d. mod. Dramas 27
Tardieu, Imaginäres Museum 131
Technologie und Kapital 598
Teige, Liquidierung der ›Kunst‹ 278
Tibi, Militär u. Sozialismus i. d. Dritten Welt 631
Tiedemann, Studien z. Philosophie Walter Benjamins 644

›Theorie der Avantgarde‹ hrsg. v. W. Martin Lüdke 825

Toleranz, Kritik der reinen 181

Toulmin, Voraussicht u. Verstehen 292

Tumler, Nachprüfung eines Abschieds 57

Tynjanov, Literar. Kunstmittel 197

Ueding, Glanzvolles Elend. Versuch über Kitsch u. Kolportage 622

Unterhaltungsindustrie, Segmente der 651

Uspenskij, Poetik der Komposition 673

Vossler, Revolution von 1848 210

Vyskočil, Knochen 211

Walser, Abstecher / Zimmerschlacht 205

Walser, Heimatkunde 269

Walser, Der Schwarze Schwan 90

Walser, Die Gallistl'sche Krankheit 689

Walser, Eiche und Angora 16

Walser, Ein Flugzeug über d. Haus 30

Walser, Kinderspiel 400

Walser, Leseerfahrungen 109

Walser, Lügengeschichten 81

Walser, Überlebensgroß Herr Krott 55

Walser, Wie u. wovon handelt Literatur 642

Über Martin Walser 407

Was ist Psychiatrie?, hrsg. v. F. Basaglia 708

Weber, Über d. Ungleichheit d. Bildungschancen in der BRD 601

Wehler, Geschichte als Histor. Sozialwissenschaft 650

Weiss, Abschied von den Eltern 85

Weiss, Dramen I 833

Weiss, Fluchtpunkt 125

Weiss, Gesang v. Lusitanischen Popanz 700

Weiss, Gespräch d. drei Gehenden 7

Weiss, Jean Paul Marat 68

Materialien zu ›Marat/Sade‹ 232

Weiss, Rapporte 2 444

Weiss, Schatten des Körpers 53

Über Peter Weiss 408

Wellek, Konfrontationen 82

Wellershoff, Die Auflösung des Kunstbegriffs 848

Wellmer, Gesellschaftstheorie 335

Wesker, Die Freunde 420

Wesker, Die Küche 542

Wesker, Trilogie 215

Winckler, Studie z. gesellsch. Funktion faschist. Sprache 417

Winckler, Kulturwarenproduktion / Aufsätze z. Literatur- u. Sprachsoziologie 628

Wirth, Kapitalismustheorie in der DDR 562

Witte (Hrsg.), Theorie des Kinos 557

Wittgenstein, Tractatus 12

Wolf, Danke schön 331

Wolf, Fortsetzung des Berichts 378

Wolf, mein Famili 512

Wolf, Pilzer und Pelzer 234

Wolf, Auf der Suche nach Doktor Q. 811

Über Ror Wolf 559

Wolff/Moore/Marcuse, Kritik d. reinen Toleranz 181

Zoll, Der Doppelcharakter der Gewerkschaften 816